AF509773

HERMANCE,

OU

UN AN TROP TARD,

COMÉDIE EN TROIS ACTES, MÊLÉE DE CHANT,

PAR MADAME ANCELOT,

Représentée pour la première fois, à Paris , sur le théâtre du Vaudeville, le
15 avril 1843.

—— ❦❦❦ ——

DISTRIBUTION :

LE COMTE ALFRED DE SELCOURT...................	MM. LAFERRIÈRE.
M. BADOUILLET...................................	BARDOU.
ALVARÈS D'ORCANO................................	HIPPOLYTE.
JULES DE SOLIN..................................	RICHARD.
ANDRÉ, domestique..............................	ADOLPHE.
LA COMTESSE douairière de Selcourt, mère d'Alfred.	Mmes GUILLEMIN.
VALÉRIA, femme d'Alfred.........................	PAGE.
HERMANCE. } sœurs de Valéria }	THÉNARD.
ODÉLIE..... }	SAINT-MARC.
MADAME BADOUILLET...............................	CASTELLAN.

L'action se passe en 1843 , au château du comte de Selcourt, à quelques lieues de Paris.

Les personnages sont placés en tête de chaque scène comme ils doivent l'être au théâtre ; le premier
indiqué occupe la droite de l'acteur.

*S'adresser , pour la musique de cette pièce , à M. Taranne , bibliothécaire de musique au théâtre du
Vaudeville.*

ACTE I.

Le théâtre représente un beau salon , à la campagne. Au fond , au milieu , un balcon donnant sur un parc
dont on voit les arbres ; de chaque côté du balcon, une porte au fond ; portes à droite et à gauche. Sur
le premier plan , à droite du public , une petite porte dérobée ; du même côté , une table avec des des-
sins , et tout ce qu'il faut pour écrire. Vis-à-vis, une cheminée, et devant la cheminée une causeuse. Au
lever du rideau, la fenêtre au fond est ouverte ; Odélie est penchée sur le balcon.

SCÈNE I.

ODÉLIE, *sur le balcon.* **JULES**, *en bas ; il
n'est pas vu du public.*

ENSEMBLE.

Air, Prenons garde , silence *(Graine de Lin).*

ODÉLIE , *sur le balcon.*
Chut ! mystère et silence !
On peut nous voir là-bas :

Il faut de la prudence ,
Ne vous approchez pas !

JULES, *en bas.*

Oui, mystère et silence !
Je parlerai tout bas :
Comptez sur ma prudence,
On ne me verra pas.

1843

JULES.
Vous m'aimerez toujours ?

ODÉLIE.
Croyez à ma promesse :
Peut-on changer d'amours?
Mais vous ?

JULES.
                Soyez sans cesse
Mes uniques amours !
Odélie !

ODÉLIE.
Ecoutez !

JULES.
Ce n'est rien !

ODÉLIE.
                Oh ! je tremble !
J'entends du bruit.

JULES.
                Restez !

ODÉLIE.
Si l'on nous voit ensemble,
Tout est perdu !.. Partez !

ENSEMBLE.

ODÉLIE.
Chut ! mystère et silence, etc.

JULES.
Oui , mystère et silence, etc.

ODÉLIE.
  Éloignez-vous, Jules !... (*Indiquant le loin-*
tain du doigt.) Une voiture, là, dans l'ave-
nue... c'est la comtesse de Selcourt, la belle-
mère de ma sœur Valéria : elle vient me chercher... Mais partez donc, mon cousin !...
adieu... adieu !... (*Elle lui fait des signes de
la main, et revient sur le devant de la scène.)*
Oh! si elle l'avait vu !... Elle qui nous a
élevées si durement, ma sœur et moi... Enfin,
depuis un an qu'elle a marié Valéria à son fils
Alfred , elle ne m'a permis d'être avec ma sœur
que pendant quinze jours... et encore, parce
qu'on est à la campagne, qu'on ne voit personne... Elle va m'emmener, c'est sûr !... Puis,
je n'aurai plus aucun plaisir, je n'entendrai
plus auprès d'elle une seule parole... d'amitié...
(*Elle soupire.*) Et elle appelle cela remplacer
ma mère... (*Avec crainte.*) Oh! la voici !

SCÈNE II.

JULES, LA COMTESSE DE SELCOURT, ODÉLIE.

ODÉLIE, *à part, et reculant effrayée.*
Ciel !... avec lui!

LA COMTESSE.
Restez, mademoiselle. Monsieur Jules de Solin
voudra-t-il bien me dire comment lui, dont la
famille habite à trois lieues d'ici, se trouve
dans le parc de ce château à sept heures du matin ?

JULES.
C'est...

LA COMTESSE, *regardant à sa montre.*
Ah !.. sept heures et demie !... J'ai mis deux
heures pour venir de Paris.

JULES, *vivement.*
C'est que M. le comte de Selcourt, votre fils,
m'a invité à venir un jour déjeuner avec lui.

LA COMTESSE.
Et l'on déjeune à midi!... quelle exactitude!...
Sept heures et demie !... (*À Odélie.*) Et vous,
mademoiselle Odélie, comment se fait-il qu'au
lieu d'être dans votre chambre, vous soyez dans
ce salon à pareille heure ?

ODÉLIE, *avec embarras.*
C'est... (*Vivement.*) Pour y dessiner le point
de vue de ce balcon !... (*Elle va prendre un
dessin qui est sur la table.*) Voyez plutôt.

LA COMTESSE, *regardant le dessin.*
C'est assez bien... Mais il manque à la vérité
une chose très-importante.

ODÉLIE.
Quoi donc ?

LA COMTESSE.
Il ne fallait pas oublier dans cet endroit....
là... voyez-vous ?... un écolier qui com-
met une étourdie. (*Tous deux s'écartent.*)

JULES.
Un écolier ?... mes études sont finies, Dieu
merci ! depuis longtemps.

LA COMTESSE.
Depuis quinze jours, vous avez passé votre
dernier examen de droit, je sais cela... Je sais
même que votre mère demandait pour vous le
titre d'attaché aux ambassades, que je l'ai ai-
dée dans ses sollicitations, et que nous avons
réussi.

JULES, *sautant de joie.*
Me voilà diplomate ?

LA COMTESSE.
En herbe.

ODÉLIE, *s'approchant avec gentillesse.*
Mais... quand on est dans la diplomatie ?...

LA COMTESSE.
On fait son chemin !... Et, pour commencer,
vous partirez bientôt... pour la Chine.

JULES.
Oh!...

ODÉLIE.
La Chine !

LA COMTESSE.
Mais je n'ai pas encore vu ma belle-fille, votre
sœur; où est-elle?

ODÉLIE.
Sans doute dans son appartement.

LA COMTESSE.
Rentrez dans le vôtre, Mademoiselle ; et vous,
Monsieur, la promenade vous donnera de l'ap-
pétit pour le déjeuner... Vous avez cinq...
non, quatre heures et demie pour vous promener...

AIR : du Dieu et la Bayadère.

C'est trop attendre,
Et s'en défendre,
Il faut vous rendre

A mon désir :
Je vous invite
A partir vite
Si vous souhaitez revenir.

JULES, *rejoignant Odélie au fond, et à demi-voix.*
De vos serments souvenez-vous !

ODÉLIE.
Vous les oublierez loin de nous !

JULES.
Malgré tout je vous aimerai !
Et vous aussi ?

ODÉLIE.
Je tâcherai !

ENSEMBLE.

LA COMTESSE.
C'est trop attendre,
Et s'en défendre,
Il faut se rendre
A mon désir :
Je vous invite
A partir vite
Si vous souhaitez revenir.

ODÉLIE.
C'est trop attendre,
Et s'en défendre
Il faut se rendre
A son désir :
Mon cœur palpite
Quand il me quitte,
Mais on l'ordonne, il faut partir.

JULES.
C'est trop attendre,
Et s'en défendre
Il faut me rendre
A son désir :
Mon cœur palpite
Quand je la quitte,
Mais on l'ordonne, il faut partir.

VALÉRIA, *sortant de son appartement à droite du public.*
C'est trop attendre,
Et s'en défendre
Il faut vous rendre
A son désir :
Le cœur palpite
Quand on se quitte ;
Pauvres enfants, il faut partir.

(Jules sort par la porte du fond, à gauche du balcon, Odélie par l'autre porte du fond.)

SCÈNE III.

LA COMTESSE, VALÉRIA.

LA COMTESSE.
Bonjour, ma fille.

VALÉRIA, *avec une certaine crainte.*
J'ai l'honneur... Je suis heureuse de vous recevoir.

LA COMTESSE, *un peu contrainte.*
J'arrive de Paris, de bien bonne heure, n'est-ce pas ?

VALÉRIA, *de même.*
Si je ne connaissais vos habitudes matinales, je craindrais qu'un évènement....

LA COMTESSE.
Ne craignez rien !... J'arrive seulement pour vous voir.

VALÉRIA, *rassurée, et plus empressée.*
Vous devez avoir besoin de vous reposer, de prendre quelque chose ?

LA COMTESSE, *à part.*
Que craignait-elle donc ? (*Haut.*) Dans quelques instants.

JULIA, *elle a sonné ; André, domestique, paraît.*
André, on servira le déjeuner plus tôt.... tout-à-l'heure... tout de suite même, et ici ?..Ce sera plus gai... La vue est superbe ! (*André, sort.*) Quand Alfred est ici, on déjeune à midi, mais, en son absence, je puis avancer l'heure pour vous.

LA COMTESSE.
Ah !... Alfred est à Paris ?

VALÉRIA.
Depuis quatre ou cinq jours, mais il revient ce soir.

LA COMTESSE, *sérieusement.*
Il faut que je vous parle, Valéria.

VALÉRIA.
Je suis à vos ordres, Madame.

LA COMTESSE, *d'un ton de reproche.*
Madame !... toujours craintive ? Allons, asseyez-vous là, et écoutez-moi. D'abord, vous le savez, je n'eus qu'une amie, et ce fut votre mère : à sa mort, il y a cinq ans, je lui promis de la remplacer pour vous ; je lui promis aussi de vous marier à mon fils unique, dernier descendant d'une ancienne et très-noble famille. J'ai tenu toutes mes promesses : ne suis-je pas ainsi deux fois votre mère? (*Elle lui tend la main.*)

VALÉRIA, *prenant la main avec affection et respect.*
Sans doute.

LA COMTESSE.
Votre cœur souscrivit sans peine à cette union, lorsqu'elle se conclut, il y a un an.

VALÉRIA.
Ce mariage était l'objet de tous mes vœux, depuis mon enfance : j'espérais qu'il en était ainsi pour Alfred.

LA COMTESSE.
Pourquoi donc n'est-il pas heureux?

VALÉRIA.
Ah ! c'est une question que je me fais parfois avec crainte. Je me souviens encore de la vive gaîté d'Alfred, de sa joie si franche et si naturelle, jusqu'à son départ pour l'Espagne, il y a trois ans.

LA COMTESSE, *faisant un mouvement très-vif.*
L'Espagne?.....

VALÉRIA, *la regardant, étonnée.*
Mais pourquoi donc vous troublez-vous comme lui, au souvenir de ce pays? (*Moment de silence.*)

LA COMTESSE.

Votre mère était Espagnole : elle éprouva de grands chagrins par suite des malheurs de son pays ; elle y laissa une famille exposée à de nombreux dangers.

VALÉRIA, *tristement.*

Alfred y fut gravement blessé, et j'y perdis ma sœur aînée, la bonne Hermance qui m'aimait tant, et que j'ai tant pleurée ; Hermance morte si jeune, sans que j'aie pu savoir au juste.....

LA COMTESSE, *l'interrompant.*

Vous voyez donc bien que les souvenirs de ce pays doivent nous être pénibles à tous !... N'en parlez pas ! N'en parlez jamais ! (*Moment de silence.*)

VALÉRIA, *la regardant avec attention.*

Ce fut à son retour d'Espagne, et depuis notre mariage, qui eut lieu aussitôt après son arrivée, que le caractère d'Alfred changea.

LA COMTESSE.

Vous vous trompez, Valéria !... Alfred serait heureux et gai, si vous le vouliez : vous êtes jeune, jolie... vous pourriez rendre votre maison agréable pour lui... Mais vous ne vous en occupez pas !... (*Mouvement très-marqué de Valéria.*) Oui, vous n'y prenez pas garde, votre mari s'ennuie.... et je viens pour vous le dire.

VALÉRIA.

Comment?... Vous croyez?.. Ah ! si c'était cela !

LA COMTESSE.

J'en suis sûre !... Alfred court le monde et les fêtes ; il joue, il fait des paris, des folies... enfin toutes les sottises que font les hommes ennuyés, maintenant !.. Il a usé de tout, et, ne sachant plus comment passer son temps, ne veut-il pas se faire nommer député? Est-ce qu'il aurait de ces idées-là, s'il s'amusait comme autrefois?

VALÉRIA, *souriant.*

Mais cette idée-là n'est pas mauvaise.

LA COMTESSE, *la regardant avec soupçon.*

Ah ! oui.... On passe quatre ou cinq heures par jour à la Chambre.

VALÉRIA, *blessée.*

Ah! Madame !...

LA COMTESSE.

Je plaisante !... Mais enfin je ne sais pas ce qui vous occupe ; je sais seulement que vous ne vous occupez pas assez de votre mari.

VALÉRIA.

Ah ! vous êtes dans l'erreur !... Pourtant, je vous remercie de vos avis : Alfred va revenir aujourd'hui ; je vous montrerai toute ma docilité !... (*Souriant*). S'il le faut, je le contrarierai, je le rendrai jaloux ; enfin, je le tourmenterai tant, qu'il faudra bien qu'il ne s'occupe que de moi.

LA COMTESSE, *souriant.*

Vous allez d'une extrémité à l'autre.

VALÉRIA, *riant, et d'un ton plus amical.*

Je ne ferai que ce que vous voudrez !... C'é-tait seulement pour vous montrer mon désir d'obéir à vos ordres.

LA COMTESSE, *à part.*

Je crois que c'est une douce et honnête personne.

VALÉRIA, *affectueuse et timide.*

Mais si, moi, je demandais quelque chose à votre bonté ?

LA COMTESSE.

Je serais heureuse de pouvoir le faire.

(*Ici, André apporte la table pour déjeuner.*)

VALÉRIA.

On vient... Plus tard, je vous rappellerai cette bonne parole... C'est convenu, n'est-il pas vrai ?

LA COMTESSE.

J'ai des ordres à donner et je reviens. (*A part*). Il faut que j'examine les choses à loisir ; tout m'inquiète, même sa douceur.

(*Elle sort par la porte latérale à gauche du public ; André dispose le couvert.*)

SCÈNE IV.

JULES, VALÉRIA, ODÉLIE, ANDRÉ.

ODÉLIE, *qui guettait à une porte et qui arrive dès que la Comtesse est sortie.*

Valéria... tu ne sais pas?...

VALÉRIA, *riant.*

Si !... Je sais tout.

ODÉLIE.

Quoi donc?

VALÉRIA.

André ! M. de Solin est dans le parc ; il faut le chercher, l'avertir.

ANDRÉ, *riant niaisement.*

Oh ! ce ne sera pas long !... Il est là... le voici !

JULES, *entrant par la porte du fond à gauche du public.*

Pardon !...

VALÉRIA, *riant.*

Venez donc, enfants !... j'ai deviné.

ODÉLIE.

Deviné ?

JULES.

Deviné ?

VALÉRIA.

Il l'a bien fallu, vous ne disiez rien !... Alors, j'ai fait la plus naturelle des suppositions ; j'ai dit : Une jolie fille de quinze ans soupire, rougit et se cache... même de sa sœur qui l'aime tant ; il y a dans les environs un jeune cousin de vingt-deux ans que je vois toujours tout près du château, quand l'heure ne lui permet pas encore d'y entrer ; il lève souvent au ciel de grands yeux suppliants, comme s'il n'attendait que de lui un secours nécessaire pour obtenir ce qu'il désire. Eh ! bien, moi, je veux être la providence pour deux êtres que j'aime, et remplacer cette intervention céleste qui pourrait oublier de s'occuper de leurs amours.

JULES ET ODÉLIE.

Quel bonheur !

VALÉRIA, *prenant la main d'Odélie.*

Oui, ton bonheur m'est cher, autant au moins que le mien ; toi, ma sœur, mon amie... ma seule amie ! Jadis nous étions trois ! *(Elle soupire).* Orphelines, nous devions nous soutenir et nous aimer pendant toute la vie. Hermance, mon aînée de quatre ans, nous avait soignées, toi et moi, dans notre enfance ; et nous l'avons perdue quand nous aurions pu faire aussi quelque chose pour elle... Je veux la remplacer !... Oui, je veux que tu sois heureuse, et que tu épouses Jules, qui est bon et qui t'aime.

ODÉLIE.

Mais Madame de Selcourt ?

VALÉRIA.

Oh ! elle dira que vous êtes trop jeunes.

JULES.

Vous répondrez que nous nous aimerons plus longtemps.

ODÉLIE.

Nous serons sûrs au moins que jamais l'un de nous n'aura aimé ailleurs. *(Ici Jules fait un mouvement en riant, Valéria un mouvement empreint de tristesse).* Nous serons l'un pour l'autre notre première et notre dernière... amitié.

VALÉRIA.

Mais il faut bien nous entendre pour décider ma belle-mère.

ODÉLIE, *très-près d'elle.*

Avec ton secours !...

JULES, *s'approchant aussi.*

Trois... contre un !

VALÉRIA.

Je l'entends qui revient.

JULES ET ODÉLIE, *se sauvant au fond.*

L'ennemi !...

VALÉRIA, *riant.*

Déjà l'armée en déroute ?... *(Les ramenant).* Restez donc !... l'union fait la force.

SCÈNE V.

LA COMTESSE, VALÉRIA, JULES, ODÉLIE.

Air : Soldat français, né d'obscurs laboureurs.

LA COMTESSE.

Que vois-je ? Ici, monsieur Jule est resté ?

VALÉRIA.

Veuillez pour lui vous montrer moins sévère !
Par mon époux il était invité :
A ce désir je devais satisfaire.
Je veux qu'il reste avec nous.

LA COMTESSE.

Mais enfin...

ODÉLIE, *à Jules.*

Comme elle est bonne !

LA COMTESSE.

Y pensez-vous, ma fille ?

VALÉRIA.

Songez-y donc, Jules est notre cousin,
Et Dieu, qui veut qu'on aime son prochain,
Veut qu'on aime aussi sa famille.

ANDRÉ.

Madame est servie.

(On se met à table autour du guéridon à thé, dans l'ordre suivant : Valéria, Jules, la Comtesse, Odélie. André sert.)

LA COMTESSE.

Comment se fait-il que vous n'ayez qu'André pour servir ?

ANDRÉ.

C'est que....

LA COMTESSE, *s'adressant à sa belle-fille.*

Valéria ?

VALÉRIA.

Joseph est avec mon mari, et j'ai envoyé Georges chez sa mère malade.

LA COMTESSE.

Ainsi, les jardiniers logeant au bout du parc, vous n'avez dans cette maison que des femmes pendant la nuit ?

ANDRÉ.

Et moi, donc ?

LA COMTESSE.

On ne vous parle pas, André ; et vous avez tort, madame la comtesse de Selcourt, de permettre à ce garçon de se mêler...

VALÉRIA.

Pardon, madame !... Tout petit, André était élevé au milieu de nous ; sa mère fut la nourrice de ma pauvre sœur Hermance.

ANDRÉ.

Et je me serais jeté au feu pour elle... et pour vous aussi !... Je sais bien qu'ils disent que je suis bête, que je sers mal, et que je suis poltron comme une chouette... Ah bien oui, poltron !... Après ce que j'ai vu cette nuit !... que j'en tremble encore !...

JULES.

Quoi donc ?

ODÉLIE.

Ah !...

VALÉRIA.

Vous avez vu quelque chose ?

Ensemble et très-vivement.

LA COMTESSE.

Vite !... Ce que vous avez vu.

ANDRÉ.

Ce que j'ai vu ?... Est-ce que je peux le dire ? Et c'est là le terrible !... Si je pouvais le dire, ce ne serait rien.

LA COMTESSE.

Imbécille !

ANDRÉ.

Imbécille..... c'est possible !.... Mais cela n'empêche pas qu'il y avait cette nuit, dans le parc, quelque chose de surnaturel !... un fantôme !

VALÉRIA, JULES et ODÉLIE, *riant.*

Un fantôme ?

ANDRÉ.

Et un fantôme tout noir ! Voici. Moi, voyant, hier, que j'étais tout seul, je me dis : André, mon ami, si tu couches au grenier comme à l'ordinaire, et que tu t'endormes comme à l'ordinaire, le tonnerre ne te réveillerait pas : et ces jeunes dames ?... si elles avaient besoin de quelque chose ? Et s'il venait des voleurs par le parc, dont le mur est trop bas ?... On peut être poltron, mais il ne faut pas être ingrat !... Qui est-ce qui te nourrit depuis ton enfance ? Ces dames ! Qui est-ce qu'on peut venir voler ? Ces dames ! Qui est-ce que tu dois défendre ? Ces dames !... Et, au lieu de me coucher, me voilà à me promener sous la fenêtre de madame la comtesse (*Il désigne Valéria.*) Toute la nuit !... J'aurais pu prendre un fusil, mais j'ai mieux aimé prendre une lanterne,.. Ça effraie les malfaiteurs, et c'est moins dangereux qu'un fusil.

LA COMTESSE.

Arriverez-vous à dire ce que vous avez vu ?

ANDRÉ.

Jamais !... Ça n'avait pas de forme ; ça marchait, ça se glissait contre le mur, enfin ni plus ni moins qu'un vrai fantôme !... Ça cherchait, je crois, à entrer dans le château... Ou bien peut-être que ça en sortait.

LA COMTESSE, *sérieuse et inquiète.*

Ah !.. quelqu'un sortait du château la nuit?.. (*Elle regarde attentivement Valéria, puis Odélie.*) Une femme enveloppée d'un manteau, peut-être ?.. et qui se cachait?..

ANDRÉ, *baissant la voix et se rapprochant.*

J'ai eu une idée... oh ! une terrible idée !...

TOUS.

Quoi donc ?

ANDRÉ.

Eh bien, c'est... oh ! je le parie, c'est l'ame de mademoiselle Hermance... qui revient !... (*Mouvement des quatre personnes.*) Je vous dis que ça s'est vu !... surtout quand on est mort... subitement, et dans des pays lointains, comme la chère demoiselle... que je pleurerai toute ma vie ! (*Il tire son mouchoir et essuie ses yeux.*) Oh oui, que je la pleurerai !... Morte à l'étranger !... si jeune !... (*On entend sonner.*) On y va !... (*Il va à la porte du fond, à gauche du balcon.*)

LA COMTESSE, *se levant de table, les autres se lèvent aussi.*

Ah !.. (*A part.*) Est-ce que Odélie... ou bien Valéria, sortirait la nuit?..

VALÉRIA, *à part.*

Comme elle semble inquiète !

ANDRÉ, *annonçant.*

Madame Isménie Badouillet de Saint-Cernin. (*A ce nom, tout le monde se retourne*).

SCÈNE VI.

LA COMTESSE, VALÉRIA, MADAME ISMÉNIE BADOUILLET DE SAINT-CERNIN, ODÉLIE, JULES.

MADAME BADOUILLET, *après un moment d'hésitation.*

(*D'un ton ferme et résolu.*) Pardon, Messieurs, mesdames !... Je n'ai pas l'avantage de vous connaître, et je demande madame la comtesse de Selcourt.

LA COMTESSE, *passant entre Valéria et madame Badouillet.*

Est-ce moi ?... ou ma fille ?

MADAME BADOUILLET.

Une personne très-respectable !... Ça doit être vous. (*Mouvement de la comtesse.*) Moi, je suis une voisine de campagne... à un demi-quart de lieue... propriétaire d'un joli bien... Oui, riche !.. Sans cela, est-ce que je me serais permis de venir chez ces dames ?.. (*A part.*) Des comtesses... diantre !...

JULES, *l'examinant, depuis son entrée, avec une attention et une curiosité marquées.*

Bah !...

LA COMTESSE.

Le nom de Saint-Cernin m'est connu.

MADAME BADOUILLET, *à part.*

Aïe !... (*Haut.*) Ça peut être !... Après tout, c'est un nom... (*A part.*) comme un autre.

LA COMTESSE.

Un nom honorable !... Mais asseyez-vous donc, madame de Saint-Cernin.

MADAME BADOUILLET, *à part.*

Il fait son effet. (*Elle refuse de s'asseoir.*)

JULES, *à part, l'examinant toujours.*

Est-ce possible ?

MADAME BADOUILLET.

Je savais que ce château appartenait à de belles dames, et j'avais le désir de les connaître. Et, au lieu de charger un de mes (*Appuyant sur le mot.*) domestiques d'une commission qu'il pouvait faire, je m'en suis chargée moi-même, voulant profiter de cette occasion pour faire connaissance avec des voisines de campagne. (*A part.*) Des comtesses !...(*En se détournant pour l'a-parte, ses yeux se sont portés pour la première fois sur Jules, et, dans la surprise, elle fait un grand mouvement.*) Ah !...

JULES, *à part.*

C'est Bernerette !

LA COMTESSE.

Qu'y a-t-il ?

MADAME BADOUILLET.

Rien, Madame, que le plaisir et la surprise de me trouver dans un beau château... Je veux dire dans une si belle compagnie. (*Elle pose son doigt sur sa bouche en regardant Jules.*)

JULES, *à part.*

C'est surprenant !

LA COMTESSE.
Et ce que vous vouliez me dire?

MADAME BADOUILLET.
Ne doit pas vous effrayer : c'est un monsieur, un jeune homme, qui est chez nous ; il veut que vous soyez avertie de son arrivée ; il voudrait vous voir, mais il n'ose venir ici sans votre permission. Rassurez-vous, pourtant, il n'y a pas le moindre danger, la blessure est très-légère.

LA COMTESSE, *faisant un mouvement.*
La blessure?

VALÉRIA, *s'approchant vivement.*
Une blessure !... Alfred, peut-être?... mon mari !...

MADAME BADOUILLET.
Oh ! non pas Alfred, ni un mari... c'est un étranger... un Anglais, si j'en juge par le nom. Tenez, voyez. (*Elle tire une carte de sa poche.*) Alvarez y Rios d'Orcano. Ça doit être un Anglais. (*Mouvement de tous quand le nom est prononcé.*)

JULES.
Un nom espagnol.

MADAME BADOUILLET.
Ah !... Eh bien ! espagnol, si vous voulez.

VALÉRIA, *très-émue.*
Un parent de ma mère que je croyais encore en Espagne.

ODÉLIE, *qui est allée près de Valéria.*
Et qui devait épouser ma sœur Hermance !.. à qui elle avait été fiancée !

MADAME BADOUILLET.
Blessé hier soir dans un duel, tout près de notre maison, je le vis par hasard, et le fis transporter chez nous : des soins, un chirurgien, et une bonne nuit, il est à merveille ce matin ; c'est un beau garçon !... (*Valéria, Odélie et la comtesse parlent bas entre elles ; Madame Badouillet dit à part.*) Quoiqu'un peu endommagé, il en vaut bien d'autres tout neufs.

JULES, *qui l'entend.*
(*A part.*) C'est bien cela !

MADAME BADOUILLET, *bas.*
Silence !

LA COMTESSE, *se rapprochant.*
Merci, Madame, de vos bons soins !... Odélie, allez dire qu'on attèle. (*Odélie dit un mot à André, qui, pendant toute cette scène, a desservi le déjeuner.*) Valéria, apprêtez-vous... Nous allons chercher votre parent et l'amener ici : merci encore, Madame, et pardon de vous laisser un instant. (*Elle fait un pas, puis revient.*) Savez-vous le nom de l'adversaire? la cause du duel? (*Odélie et Valéria se rapprochent.*)

MADAME BADOUILLET.
Non, Madame ; je sais seulement que l'autre était légèrement blessé à la main gauche ; qu'il a envoyé un chirurgien chez nous, mais je ne l'ai pas vu, je ne sais pas son nom. Quant à l'Anglais..

LA COMTESSE.
Vous voulez dire l'Espagnol?...

MADAME BADOUILLET.
Oui, l'Espagnol !... Il était furieusement pressé de se battre, à ce qu'il paraît ! Arrivé depuis une heure à peine, ses effets étaient encore à la diligence. En voilà un qui ne perd pas de temps !... (*A part, se tournant vers Jules.*) Quel gaillard !

LA COMTESSE.
N'en perdons pas non plus pour aller le retrouver, puisqu'il a recours à nous,

Air : Ne raillez pas la garde citoyenne.

(*A Odélie et à Valéria*).
Suivez-moi donc ! que rien ne nous arrête !
(*A madame Badouillet.*)
Nous vous viendrons chercher dans un instant :
Oui, sans tarder, que chacune s'apprête,
N'oublions pas qu'un blessé nous attend.

ENSEMBLE.

VALÉRIA, ODÉLIE.
Dépêchons nous, que rien ne nous arrête, etc.

LA COMTESSE.
Suivez-moi donc, que rien ne vous arrête, etc.

━━━━━━━━━━━━━━━━━━━━━━━━━━━━━

SCÈNE VII.

MADAME BADOUILLET, JULES.

(*Ils se regardent de loin.*)

MADAME BADOUILLET, *à part, en riant.*
Je crois qu'il va y avoir une explication, comme dans les comédies... ou dans les romans de M. Paul de Kock.

JULES, *les bras croisés et riant.*
Ah ça! comment Bernerette, la fleuriste, est-elle madame... madame... je ne sais quoi de Saint-Cernin?

MADAME BADOUILLET, *se posant devant lui et riant.*
Voilà !... (*Ils rient tous deux.*) Et pourquoi donc êtes-vous ici, vous, M. Jules?

JULES.
Moi, c'est tout naturel ; je suis cousin de ces dames.

MADAME BADOUILLET.
Un vrai cousin?... cousin du château?... des comtesses?...

JULES, *d'un ton grave et moqueur.*
Un vrai cousin !... Oui, Madame... Madame...

MADAME BADOUILLET, *gravement et moqueuse.*
Et moi une vraie madame !... Oui, Monsieur !.... Une madame !.... le matrimonion y a passé.

JULES, *riant.*
Vraiment ?

MADAME BADOUILLET.
Foi de Bernerette, femme Badouillet !... Quant au Saint-Cernin et à l'Isménie, c'est pardessus le marché !... c'est la frime pour être reçue dans les châteaux : il faut du brillant, du fantastique pour ça !.. mais femme Badouillet, c'est le vrai, c'est le solide !... Oui, j'ai épousé

mon propriétaire!... Rien que cela!... (*Riant.*)
On n'a plus besoin de payer son terme.

JULES.

Tu as... (*Il se reprend et salue.*) Vous avez
toujours été une drôle de fille, Bernerette!

MADAME BADOUILLET, *malignement.*

Mieux que cela, M. Jules!... une honnête
fille!... Vous pourriez vous le rappeler.

JULES.

Le fait est que tu... (*Il se reprend.*) Que vous
vous m'avez toujours repoussé, moi qui vous
parle.

MADAME BADOUILLET.

Vous et bien d'autres!... moi une pauvre orpheline, qui n'avais personne que moi-même
pour me garder.

JULES.

Être sage!

MADAME BADOUILLET.

C'est fameux!... quand il y a tant de femmes
que d'autres gardent et qui ne le sont pas!...
Aussi, le ciel m'a récompensée!... Un mari
bon, simple, qui m'aime de tout son cœur, et
qui a fait une grosse fortune dans l'épicerie.

JULES.

Ah! il est épicier?

MADAME BADOUILLET.

Il l'était, rue de la Verrerie!... Dieu! quel
magasin!... Y en avait-il du sucre et du café,
là-dedans!... Mais il est retiré du commerce :
le brave homme fait tout ce que je veux... Il a
des écus plus qu'il ne m'en faut..Et..(*Elle soupire.*) des années aussi!

JULES, *se rapprochant d'elle.*

Ah! il n'est plus jeune, M. Bad.. Comment
donc, ma jolie Bernerette?

MADAME BADOUILLET, *reculant.*

M. Badouillet!... Oui, il n'est plus jeune...
mais c'est égal, je lui suis fidèle!... voilà!...

JULES, *riant.*

C'est beau!

MADAME BADOUILLET.

C'est comme cela!... D'ailleurs, j'avais fait
mes preuves rue de la Harpe!... Et pourtant,
quelle rue difficile!...

JULES.

Pour les chevaux.

MADAME BADOUILLET.

Et pour la vertu, donc! Et quelle maison
que celle que nous habitions! Des étudiants depuis le rez-de-chaussée jusqu'aux mansardes!...
Neuf étages de séducteurs! excepté trois fleuristes.

JULES, *riant.*

Dont Bernerette, la rosière.

MADAME BADOUILLET.

Riez! riez!... moi aussi je ris quand je me
vois propriétaire!... maison à la ville et à la
campagne!... Plus de soucis! plus de travail!...
mais, tout de même, je veux être utile à Badouillet; c'est un bon homme, mais c'est encore
commun!... Moi, je veux voir le beau monde,
et je veux que mon mari soit quelque chose.

JULES, *riant.*

De l'ambition?

MADAME BADOUILLET.

Et une fameuse!... D'abord, je me fais mon
éducation : pour me former aux belles manières,
j'ai lu tous les romans de M. Paul de Kock!...
La dame du cabinet de lecture dit que ça suffit
si je ne vois que des marchands, mais que si
j'allais chez des comtesses il faudrait lire ceux
de M. de Balzac, et j'ai commencé ce matin!...
Au reste, M. Jules, *motus!* Point de Bernerette
ici! Ce n'est plus ça!... Je suis une belle
dame!... (*Elle lui montre la fenêtre au fond.*)
Voyez ma maison, là, tout près, sur la colline.

JULES, *regardant.*

Je vois un moulin à vent.

MADAME BADOUILLET.

Sûrement! le moulin de Saint-Cernin.ˢ..
c'est encore à nous!... De là-haut, je vois le
château tous les matins, et je me disais : Pourquoi donc est-ce que je ne ferais pas société
avec les grandes dames qui l'habitent? Du
moulin au château, il n'y a que la main, et l'on
doit voir ses voisins.

JULES, *moqueur.*

Vraiment?

MADAME BADOUILLET.

Je cherchais l'occasion; elle se présente. Je
recueille un blessé; il connaît la comtesse de
Selcourt; je dis : c'est cela! Quand on vient pour
rendre service on est toujours bien reçu!... Je
mets le nom de Badouillet sous le moulin; autant en emportera le vent; et je resterai madame
de Saint-Cernin!... Ça se fait comme ça, on
me l'a dit!... D'ailleurs, ça ne déshonorera
pas vos cousines de me recevoir!... Quand on
est sage, on vaut tout le monde, on peut entrer
partout.

JULES, *riant.*

Tu crois... (*Se reprenant.*) Vous croyez
cela?

MADAME BADOUILLET.

C'est ce que je dis à Badouillet : Tu es bête,
mon ami, mais tu es honnête; ça suffit!... Il
faut que tu entres dans le Gouvernement; c'est
ton droit, puisque tu es riche.

JULES, *riant et moqueur.*

Ainsi, madame Isménie Badouillet de Saint-
Cernin...

MADAME BADOUILLET.

Racontera à mademoiselle de Méran, votre
cousine, près de qui vous étiez tout-à-l'heure,
et même très-près, à ce qu'il m'a semblé...
oui, elle lui racontera tout ce que ma voisine
Amanda m'a dit à votre sujet.

JULES, *vivement.*

Oh! oh!... silence!... silence!

MADAME BADOUILLET.

Silence?... Soit!... Mais, donnant, donnant!... Parlant, parlant!...

JULES.

C'est convenu!... On vient.

SCÈNE VIII.

ALFRED, MADAME BADOUILLET, LA COMTESSE, ODÉLIE, VALÉRIA, JULES.

(*Les dames sortent d'une porte latérale, avec des châles et des chapeaux.*)

LA COMTESSE.

Venez aussi, Odélie; je ne veux pas vous laisser seule ici.

VALÉRIA.

Nous partons donc tous?

LA COMTESSE.

Oui, nous ramenons madame de Saint-Cernin chez elle.

MADAME BADOUILLET.

Sans doute, partons!

ANDRÉ, *accourant.*

Voici M. le Comte.

ALFRED, *arrivant.*

Quoi!... tout le monde s'apprête à partir juste au moment où j'arrive?

LA COMTESSE.

Mon fils!

VALÉRIA, *ôtant son châle et son chapeau.*

Oh! je reste, Alfred, puisque vous voilà.

LA COMTESSE.

Et moi, je reviendrai dans peu d'instants... Mais, partons; il n'y a pas de mal que vous soyez seul avec votre femme.

ALFRED.

Je suis bien aise aussi de causer avec Valéria.

ENSEMBLE.

Air : de 86 moins un.

LA COMTESSE, MADAME BADOUILLET, JULES, ODÉLIE.

Il faut partir sans tarder davantage,
Car loin de ces lieux,
Souffre un malheureux :
A vous quitter le devoir nous engage,
Restez ici tous les deux.

(*Madame Badouillet, Jules, la comtesse, Odélie, sortent.*)

SCÈNE IX.

VALÉRIA, ALFRED.

(*Alfred tient de temps en temps sa main gauche dans son gilet; il a pu la tirer de façon à ce que le public voie qu'il est blessé.*)

ALFRED, *il la regarde venir à lui.*

Pauvre enfant! je ne l'ai pas rendue heureuse.

VALÉRIA, *qui a entendu.*

Que dites-vous, Alfred?

ALFRED, *pensif.*

Valéria... m'aimez-vous encore?

VALÉRIE, *étonnée.*

Si je vous aime, mon ami?

ALFRED.

Enfin, pouvez-vous me pardonner?

VALÉRIA.

Quoi donc?

ALFRED.

Le chagrin que je vous ai fait.

VALÉRIA.

Je ne me suis jamais plainte.

ALFRED.

Je le sais!... ni à personne, ni à moi!... Vous avez souffert sans rien dire : le hasard, en me l'apprenant, m'a montré mes torts... Je ne les soupçonnais pas!... Voyez!... (*Il lui montre un petit souvenir.*)

VALÉRIA, *troublée.*

Quoi!... vous avez trouvé ce petit souvenir, où parfois j'écrivais ma pensée... mes chagrins?

ALFRED.

Lisons ensemble.

VALÉRIA.

Oh! non, non!

ALFRED.

Si! si!... (*Il lit*). « Alfred, préoccupé, triste « et inquiet, s'éloigne de moi de plus en plus... « et je reste seule à pleurer. » (*Il l'attire près de lui*). Ces larmes, j'en veux effacer la trace!... (*Il l'embrasse*). Qu'elles soient les dernières!... Ma tendresse et mes soins les empêcheront de couler à l'avenir.

VALÉRIA, *avec amour.*

Mon Alfred!... votre bonté a toujours été parfaite!... Je n'ai regretté que votre confiance.

ALFRED.

Et je ne veux plus que tu regrettes rien, ma Valéria!... Après une année de mariage passée au milieu du monde, tu peux entendre et comprendre bien des choses que je n'aurais pas osé te dire autrefois!... Une jeune fille est sévère dans son ignorance de tout, et j'ai besoin de ton indulgence.

VALÉRIA, *souriant.*

Ainsi, c'est une confession que je vais entendre?... Et d'abord, je n'ai pas le droit d'être sévère, ni jalouse, pour tout ce qui a précédé notre mariage.

ALFRED, *souriant.*

Alors, tu n'auras aucun sujet de jalousie; car je te jure que, depuis le jour où j'ai uni mon sort au tien, je n'ai aimé que toi seule.

VALÉRIA, *avec joie.*

Quel bonheur!... moi qui croyais... Oh! mon Alfred, je suis bien heureuse!

ALFRED.

Et je puis t'avouer que celle que j'aimai, et dont le souvenir m'attristait, n'est plus!... Elle était morte... (*il soupire*) avant notre mariage.

VALÉRIA.

Ah!...

ALFRED.

Peut-être même sa mort malheureuse est-elle

ce qui a si vivement frappé mon imagination,
et rappelé son souvenir à ma pensée?... Ainsi,
ma Valéria, j'aurais oublié près de toi la beauté,
la grâce et l'amour de toute autre femme ; mais
son malheur que je causai, et sa mort impré-
vue, me tourmentaient sans cesse!... De là
sont venues cette tristesse et cette inquiétude
dont tu as souffert ; de là aussi, cette agitation
qui m'a fait courir loin de toi chercher les dis-
tractions violentes, les plaisirs extravagants, et
jusqu'au jeu que je déteste, et où j'ai perdu
beaucoup d'argent... pour m'amuser.

VALÉRIA, *gaiement.*

Et comme moi je n'ai rien dépensé, j'ai tout
mon argent à te donner, Alfred.

ALFRED, *lui baisant la main.*

Merci, chère!... J'en avais assez : tout est
payé ; et maintenant me voici tout-à-fait rai-
sonnable.

VALÉRIA.

Mais on dit que vous pensez à vous faire
nommer Député?

ALFRED.

Ce qui te prouve bien que je ne veux plus
m'amuser. *(Riant).* Oui, je suis sur les rangs :
j'ai écrit une circulaire... j'ai déclaré, exposé
mes principes.

VALÉRIA, *souriant.*

Au public et à moi?... C'est donc le jour
des confidences?

ALFRED, *riant.*

Il faut bien que je me dépêche de m'en faire
un mérite ! car, adieu les secrets si je deviens
un homme politique ! Mes actions, mes paroles,
et jusqu'à mes pensées... je les apprendrai
moi-même, chaque matin, dans les journaux !...
Le moyen, après cela, de faire des confidences
à ses amis?

VALÉRIA, *souriant.*

Est-ce possible ?

ALFRED, *riant.*

Déjà, il y a trois semaines, ils ont parlé de
moi, de mon projet d'être Député : c'est même
cela qui m'en a donné l'idée.

VALÉRIA, *tendrement.*

Il ne faut plus rien avoir à cacher.

ALFRED.

Je te le promets.

VALÉRIA.

Mon cœur est soulagé d'un grand poids ! Oui,
mon Alfred, j'étais jalouse, je souffrais horrible-
ment à l'idée que tu me préférais quelqu'un,
qu'il était une autre femme dont les paroles, la
figure, l'esprit et la tendresse te plaisaient
davantage!... Je n'osais te le dire, et cependant ma douleur était si vive, elle augmentait
tellement chaque jour, que je ne sais où le désespoir m'aurait conduite!... Juge donc de ma
joie, de mon bonheur en ce moment!... Oh !
que je t'aime, Alfred!... L'idée de te perdre me
rendait folle !

SCÈNE X.

**BADOUILLET, MADAME BADOUILLET,
VALÉRIA, ALFRED.**

ANDRÉ, *annonçant.*

Monsieur et madame de Saint-Cernin !

BADOUILLET, *dans le fond, à sa femme avec
étonnement.*

Mais... ce n'est pas nous qu'on annonce
comme ça?

MADAME BADOUILLET, *à demi-voix.*

Laisse donc faire !... Ça me regarde.

ALFRED, *sur le devant, à Valéria.*

Qu'est-ce que cela ?

VALÉRIA, *à demi-voix.*

Une drôle de petite femme qui est venue
pendant ton absence.

MADAME BADOUILLET.

Vous êtes étonnée de me revoir si vite, madame la Comtesse? Mais comme je descendais
de la voiture de madame votre belle-mère, je
vois mon mari prêt à venir ici.

ALFRED, *très-poli.*

Vous connaissez ma mère?... Mais asseyez-
vous donc !... Et vous, Monsieur...

BADOUILLET, *un papier à la main.*

Inutile !... nous ne sommes pas fatigués ; je
suis resté assis chez moi toute la matinée, et
c'est seulement un mot !... Entre voisins,
comme dit ma femme, on se doit... on peut...
quoique ce ne soit pas là ma partie... car je
faisais...

MADAME BADOUILLET, *l'interrompant.*

Il faisait des affaires en grand, comme tout le
monde en fait à présent.

BADOUILLET.

Alors... tout-à-l'heure... cette circulaire...
M. le Comte... Car c'est à M. le comte de Selcourt que...

ALFRED, *passant entre Valéria et Madame
Badouillet.*

Ma circulaire?... Ah! oui, je suis sur les
rangs pour la députation ; vous êtes électeur,
sans doute... et cette lettre... votre embarras...
Écoutez donc, Monsieur, si vous ne pouvez...

MADAME BADOUILLET.

Oh que si, il peut... et même il veut rendre
service à monsieur le Comte !... Dis-donc, mon
ami... *(A mi-voix.)* Pourquoi cet embarras ?
Quand on peut rendre service, on est toujours
bien reçu : va donc ! *(Elle le fait passer entre elle et Alfred.)*

BADOUILLET, *rassuré.*

Voyez-vous, Monsieur, vous voulez être député.... moi, comme je vous le disais, ce n'est
pas ma partie, je suis retiré des affaires, et
même je comptais me reposer, et ne jamais me
mêler de rien, mais ma femme dit que quand
on est riche, il faut être encore autre chose ;
c'est ci, c'est ça !... Elle en invente à la journée ! ... Mais elle est si gentille, si bonne et si
sage !... Regardez-la ma petite femme ! *(Il
veut l'embrasser.)* Avec votre permission.....

MADAME BADOUILLET, *reculant.*
(*A demi-voix.*) Ça ne se fait pas dans le grand monde.

BADOUILLET.

C'est vrai!... Pardon, Monsieur et Madame, mais c'est plus fort que moi!... Elle est d'une bonté!... Tenez, hier encore elle vous ramasse un blessé tout près de chez nous, et elle le soigne toute la nuit!... Elle a bien soigné, depuis quinze jours, une pauvre dame qu'elle ne connaît ni d'Eve, ni d'Adam, et qui a manqué mourir chez nous!... Enfin, Monsieur et Madame, c'est pour vous dire qu'on ne peut pas s'empêcher de l'aimer, et qu'il faut me pardonner!... (*Il fait encore un mouvement pour embrasser sa femme qui le contient d'un geste, il reprend sur un ton différent.*) Mais pour en revenir à la chose qui m'amène, et c'est encore elle qui le veut par bonté, vous désirez être député : nous avons cent sept électeurs, il vous en faut au moins cinquante-quatre ; je peux, moi qui vous parle, vous en donner trente-neuf d'un coup!... C'est dit, c'est fait, si ça vous convient.

ALFRED.

Est-ce possible ?

BADOUILLET.

Tous marchands retirés qui me consultent, et voteront comme je le voudrai!... Moi je n'y pensais pas aux élections, ce n'est pas ma partie.... mais ça fait plaisir à ma femme : elle sera bien aise de venir au château, si vous le permettez.

ALFRED.

Tant qu'elle voudra.

VALÉRIA, *qui a passé près de madame Badouillet.*

Trop heureuse de vous recevoir, vous, Madame, si obligeante pour mon mari, si bonne pour tous !

MADAME BADOUILLET, *d'un ton de confidence.*

Il est très-gentil votre mari!... Moi, le mien.... (*Elle fait en riant une petite moue en regardant Badouillet.*) Enfin , il m'aime tant!....

ALFRED.

Et vous devriez tous deux nous faire l'honneur de dîner aujourd'hui avec nous... on causerait des élections... A la campagne, c'est sans façon !

BADOUILLET, *qui a interrogé sa femme du regard ; elle lui fait signe d'accepter.*

Ça n'est pas de refus.

ALFRED.

C'est convenu ! à six heures.

BADOUILLET, *souriant.*

Et je vais, en attendant, chauffer quelques-uns de nos électeurs!... Les affaires avant tout!... oh! les affaires... c'est ma partie.

ALFRED.

Je vois que vous les entendez à merveille!... Je vais vous accompagner une partie du chemin, pour en causer.

MADAME BADOUILLET.

Et moi, vous permettrez, Madame, que j'aille jeter un coup d'œil sur ma toilette. (*A part.*)

Dîner au château! Il faut que je mette tout ce que j'ai de plus flambant.

ALFRED, *à demi-voix à Valéria.*

Je ne sais pas trop quel homme ça peut être; mais on ne saurait mal accueillir celui qui rend ainsi service.

SCÈNE XI.

VALÉRIA, *seule.*

Enfin je vais vivre !... car mon cœur inquiet et jaloux n'a pu jouir d'aucun plaisir tant que j'ai douté de l'amour d'Alfred.

Air : Un beau Pêcheur (Doche.).

Il me l'a dit , je suis aimée !
Tout a changé dans ce séjour :
Mon ame, heureuse et ranimée,
Sent que la vie est son amour !
Pour moi la vie est son amour.

Cet asyle, où coulaient mes larmes ,
Semble prendre un aspect nouveau :
Un seul mot lui rend tous ses charmes ,
L'air est plus pur , le ciel plus beau !
Comme, à Paris, je serai fière,
Alfred, de m'appuyer sur toi !
Tout me ravit, tout va me plaire...
Il sera toujours près de moi !

Il me l'a dit, je suis aimée, etc.

SCÈNE XII.

VALÉRIA , ANDRÉ.

ANDRÉ, *entrant d'un air effaré par la petite porte du premier plan, à droite du public, et regardant autour de lui.*

Madame la Comtesse!...(*Il jette une lettre sur la table.*)

VALÉRIA, *riant.*

Quel air effaré ?

ANDRÉ.

Êtes-vous seule?... bien seule!

VALÉRIA.

Sans doute!.... Qu'est-ce donc ?

ANDRÉ.

Avez-vous du courage ?

VALÉRIA, *riant.*

Au moins autant que vous, j'espère.

ANDRÉ.

Alors, Madame veut-elle prendre cette lettre ? (*Il l'indique sur la table.*)

VALÉRIA.

Vous avez l'air d'avoir peur d'y toucher.

ANDRÉ.

Une lettre d'un fantôme !

VALÉRIA, *riant.*

Ah! c'est trop fort! Vous devenez fou, André. (*Elle prend la lettre, regarde l'adresse.*) « A « Valéria de Méran! » (*Elle rit.*) Mon nom de demoiselle? Pour un esprit, il n'est guère avisé, votre fantôme!... Il faut que dans l'autre monde on soit bien peu au fait de ce qui se passe dans celui-ci pour qu'on ignore mon mariage. (*Elle décachète la lettre, l'ouvre, regarde, et est très-effarée.*) Cette lettre... ô ciel!.. Qui l'a écrite?... Qui vous l'a donnée?

ANDRÉ, *triomphant.*

Là!... vous aussi!

VALÉRIA, *tremblante et vivement.*

André, qui vous a donné cette lettre?

ANDRÉ.

Le fantôme!... et il est là, au bas du petit escalier dérobé... Ça connaît tous les êtres d'une maison, les fantômes!

VALÉRIA, *regardant encore la lettre.*

Est-il possible?... mes yeux, ces mots, tout ne me trompe-t-il pas? Hermance, ma sœur, elle vit!... Qu'elle vienne!... oh! qu'elle vienne!... Je suis seule, bien seule!... Et vous, André, silence!.... pas un mot!.... à personne!...

ANDRÉ, *à la petite porte, criant.*

Venez!... venez!... (*Il redescend la scène.*) O mon Dieu, c'était donc vrai!... je ne m'étais pas trompé?... mademoiselle Hermance, ma sœur de lait, elle n'est pas morte!... Elle va venir!... ou bien c'est son âme qui revient!...

VALÉRIA.

Veillez, André!... S'il vient quelqu'un, prévenez-nous!... (*A elle-même.*) Quel mystère!... Je tremble de joie!... Oh! quel beau jour!... Hermance m'est rendue!... Alfred m'aime!...

SCÈNE XIII.

VALÉRIA, HERMANCE.

(*André disparaît par le fond, sur un signe de Valéria. Hermance est pâle, vêtue tout en noir, à l'Espagnole; elle a un voile noir; elle paraît émue et même un peu effrayée.*)

VALÉRIA.

C'est toi!... c'est elle!... Quel miracle!.... Oh! mon Dieu! moi qui t'ai tant pleurée!.... ma sœur!... Hermance!...

HERMANCE.

Ma sœur!... (*Elles se jettent dans les bras l'une de l'autre.*) Après tant de chagrins!

VALÉRIA.

Tu vivais, tu souffrais, nous ignorions tout, nous pleurions ta mort.

HERMANCE.

Oh! que je t'embrasse encore!.. Il me tardait bien de te revoir : mais il fallait chercher, épier un moment où je pourrais te trouver seule!... Oui, tu sauras tout ce que je puis avoir à craindre!... Mais toi, Valéria, douce et paisible fille, tu ne me comprendras pas!... Ton cœur ignore les passions!... (*Mouvement de Valéria.*) Tu ne sais pas qu'on peut chercher la mort pour se soustraire aux maux qu'elles causent!...

VALÉRIA.

Ciel!... Oh! dis-moi, dis-moi vite tout!... (*Elle l'entraîne doucement vers la chaise près de la table, à droite du public, et la fait asseoir.*)

HERMANCE.

Pardonne à l'égarement de mon cœur, de mes actions, de mes paroles!.... Écoute!.... Celui que j'aime d'un amour insensé était tombé percé de coups devant moi; je le crus mort!.. Pour me soustraire à mon désespoir, pour me soustraire à son rival, je voulus... oh! que le ciel me pardonne!... J'avais perdu la raison!.. Je l'ai retrouvée dans mes larmes!... oh! non, dans mon bonheur!...

VALÉRIA.

Comment? que s'est-il donc passé?

HERMANCE.

Pour terminer des jours qui ne pouvaient plus être à lui, je m'étais précipitée dans un torrent où je devais périr : on dut croire à ma mort; de pauvres pêcheurs me sauvèrent, et je trouvai des secours dans un couvent. Je résolus alors d'y cacher la vie que je n'avais pu détruire, et qui m'était odieuse. Après plus d'une année de larmes, j'allais prononcer des vœux éternels, quand le hasard... non, le ciel, désarmé par mon repentir, fit tomber en mes mains un papier, un journal, où j'appris qu'après de longues souffrances celui que j'avais cru blessé mortellement était rendu à la vie; qu'il était rentré en France; qu'il vivait à Paris!.. Alors j'ai tout quitté, je suis venue, me voici!

(*Elle se lève et revient sur le devant; son voile noir reste sur la chaise.*)

VALÉRIA.

Comment tout cela s'est-il fait?...Fiancée à Alvarès...

HERMANCE.

Ah! c'est vrai; mes paroles sont confuses, sans suite!.. Laisse-moi te regarder, Valéria!.. Laisse-moi m'assurer que je suis bien ici!.... dans ce château où madame de Selcourt nous amena toutes les trois après la mort de ma mère. Dis-moi où est notre jeune sœur, encore enfant?

VALÉRIA.

Non plus enfant, mais jeune fille de quinze ans, et qui pense au mariage, Odélie est ici.

HERMANCE, *s'appuyant sur Valéria.*

Ainsi, nous allons être réunies!... Quel bonheur!... Mais à présent que je suis rassurée sur vous, il faut que je confie à toi, mon amie, le secret de ma destinée.

VALÉRIA.

Parle.

HERMANCE.

Tu t'en souviens, le jour où notre parent Alvarès arriva d'Espagne, il y a cinq ans, et où l'on me fiança à lui, ma mère fut attaquée de ce mal subit qui la conduisit si promptement au tombeau!... Il me sembla alors que ce mariage était maudit du ciel; qu'il n'amènerait que des malheurs!... Et, en effet, chaque fois qu'Alvarès m'apparut, sa présence fut toujours le signal d'un événement funeste.

VALÉRIA.

Oh! sans doute, Alvarès est triste, silencieux; mais il est si bon et si dévoué à ceux qu'il aime!...

HERMANCE.

Je suis injuste, peut-être, et ma raison me condamne; mais quand madame de Selcourt me pressait, après la mort de ma mère, de conclure ce mariage commencé sous de si tristes auspices, je ne pouvais vaincre ma répugnance!... Enfin, il vint un jour, il y a trois ans, où elle l'exigea au nom de cette mère tant aimée et tant regrettée. Mon respect pour sa mémoire m'y fit consentir!... Alvarès combattait en Espagne pour la reine.

VALÉRIA.

Et Alfred, le fils de madame de Selcourt, avait été offrir ses services volontaires à Don Carlos.

HERMANCE, *qui a fait un mouvement très-marqué au nom d'Alfred.*

Pour ramener son fils, madame de Selcourt s'était décidée à faire un voyage en Espagne; elle voulut m'y conduire avec elle, et me forcer à tenir mes engagements envers Alvarès. Elle ne m'avait jamais aimée; mon caractère lui déplaisait; elle craignait mon empire sur votre esprit, mes sœurs; elle voulait m'éloigner de vous, de son... (*Elle s'arrête et reprend.*) De la France, où je suis enfin depuis quinze jours.

VALÉRIA.

Et ce n'est qu'aujourd'hui que tu m'as cherchée!

HERMANCE, *avec exaltation.*

Ah! si tu savais, ma sœur, comme on revoit avec joie le sol de la patrie où l'on vécut enfant, où respirent ceux qu'on aime!... Puisses-tu, Valéria, ne jamais connaître cet amour..... assez violent pour faire oublier son pays et sa sœur!...

VALÉRIA, *lui prenant la main.*

Hermance!...

HERMANCE.

Pourtant, avec mon bonheur, j'ai retrouvé dans mon ame tout ce qui est bon, noble et tendre!... Je brûlais de te revoir.... mais la fièvre m'accablait quand j'arrivai au village... fièvre d'impatience, de joie, d'incertitude!

VALÉRIA.

Et tu ne m'appelais pas pour te soigner?

HERMANCE.

Je n'avais plus de forces!... La bonté d'une jeune femme inconnue vint à mon secours dans l'auberge où je me cachais.

VALÉRIA.

Te cacher?.. et de qui donc?

HERMANCE.

De madame de Selcourt.

VALÉRIA.

O ciel!... mais elle est ici.

HERMANCE.

Je l'ai vue s'éloigner.

VALÉRIA.

Pour revenir dans peu d'instants, et je crois même l'entendre.

HERMANCE, *allant vers la porte latérale.*

Ah! que dis-tu?... Dérobe-moi à ses regards!... Je la reverrai... mais plus tard.... quand tu l'auras préparée.

SCÈNE XIV.

VALÉRIA, HERMANCE, ANDRÉ; *puis* ODÉLIE, JULES, MADAME DE SELCOURT, ALVARÈS.

ANDRÉ, *du fond.*

Voici mademoiselle Odélie, et M. Jules qui la suit.

HERMANCE, *faisant un mouvement.*

Ma sœur!...

ANDRÉ.

Puis, madame la comtesse de Selcourt.

HERMANCE.

Fuyons-la.

VALÉRIA, *qui regarde au fond.*

Avec elle Alvarès, qu'elle était allée chercher.

HERMANCE.

Alvarès!... lui, ici?... Oh! c'est encore un malheur!

Air de Doche dans *l'Extase.*

VALÉRIA.

Entre sans inquiétude
Dans ta chambre d'autrefois:
Pour charmer ta solitude,
Bientôt nous y serons trois.
　　Avant peu
　　Dans ce lieu,
J'irai te voir!... Sans adieu!

HERMANCE.

　　Avant peu,
　　Dans ce lieu,
Reviens me voir!... Sans adieu!

VALÉRIA.

Sans adieu!

HERMANCE.

Sans adieu!

(*Valéria fait entrer Hermance dans la chambre latérale, à droite du public, puis elle referme la porte.*)

LA COMTESSE, *amenant Alvarès.*

Venez, monsieur, vous ne pouvez avoir d'autre asyle que ma maison... Mais qu'avez-vous donc, Valéria? vous êtes pâle, tremblante.... et quelqu'un s'est caché à notre arrivée.

ALFRED, *qui a fait un mouvement en voyant Alvarez, et à qui celui-ci a fait signe de ne rien dire.*

(*S'avançant.*) Que dites-vous, ma mère? (*Il va près de sa femme et a l'air très-tendre.*)

VALÉRIA.

Vous vous trompez, madame.

ALFRED.

Ma Valéria!...

LA COMTESSE.

Oui, je me serai trompée, (*A part.*) Il y a quelque chose... J'y veillerai.

ENSEMBLE.

Air final du premier acte de *l'Hôtel de Rambouillet,*

Observons la jeune comtesse :
Car, pour mon fils, en ce séjour,
Tout vient alarmer ma tendresse :
Est-on heureux de son retour ?

ALFRED.

Plus d'ennuis, et plus de tristesse !

Que désormais, en ce séjour,
A ma voix le plaisir renaisse,
Et qu'il signale mon retour.

VALÉRIA, ODÉLIE.

Plus d'ennuis, etplus de tristesse !
Que désormais, en ce séjour,
A sa voix le plaisir renaisse,
Et qu'il signale son retour.

ALVARÈS.

Je voudrais bannir la tristesse :
Puis-je espérer, en ce séjour,
Que pour moi le bonheur renaisse
Et qu'il signale mon retour.

FIN DU PREMIER ACTE.

ACTE II.

Même décoration qu'au premier acte.

SCÈNE I.

ALVARÈS, LA COMTESSE DE SELCOURT.

(*Ils sont assis au lever du rideau.*)

LA COMTESSE, *se levant*

Ainsi, M. Alvarès d'Orcano, votre intention est de vous fixer en France ?

ALVARÈS, *avec tristesse et dignité.*

Oui, madame la Comtesse : j'ai quitté l'Espagne ; rien ne me retenait plus dans ma patrie ; la femme à qui je devais unir mon sort, y avait trouvé une mort affreuse ; mon frère avait été tué dans l'armée opposée à celle où je combattais ; là, tout était pénible pour moi ! Un peu de repos, et des vœux pour mon pauvre pays, voilà mon avenir ! Si je n'avais pas la consolation de me dire que j'ai rempli loyalement tous mes devoirs, je serais bien malheureux ; car toute espérance est perdue pour moi.

LA COMTESSE.

Ce n'est point à votre âge, Monsieur, que l'on renonce à l'espoir ; et quand les évènements extérieurs ont amené ainsi de grands chagrins, il faut chercher des consolations dans la vie intérieure, et dans l'intimité de la famille. Mon amie, madame de Méran vous avait destiné Hermance sa fille aînée, la seconde, Valéria, a épousé mon fils.

ALVARÈS, *vivement et étonné.*

Votre fils est marié ?.... Il a épousé Valéria ?

LA COMTESSE.

Pourquoi cette surprise ? Ce mariage avait été arrangé depuis longtemps ; il s'est conclu, il y a une année, pour le bonheur d'Alfred.

ALVARÈS, *comme se faisant à lui-même un reproche.*

Il est marié !... et heureux !... Ah !..

LA COMTESSE.

Pourquoi ne feriez-vous pas comme lui, Monsieur ?

ALVARÈS.

Moi, me marier ? En France, où je ne connais personne ?

LA COMTESSE.

Mesdemoiselles de Méran sont vos parentes ; Odélie, la troisième, est une charmante personne ; ne pourrait-elle pas... remplacer sa sœur aînée ? Si cela vous convenait, nous ne ferions qu'une famille.

ALVARÈS.

Quelle douce espérance me faites-vous entrevoir, Madame !

LA COMTESSE.

Et dans cette vie paisible, remplie d'affections calmes, vous retrouveriez un bonheur plus vrai qu'au milieu des agitations de la politique, et des orages de la passion.

ALVARÈS.

Votre sagesse, Madame, présente à ma pensée la plus séduisante des consolations : un lien qui m'attacherait à votre famille... Une femme qui pourrait m'aimer !... Ah ! c'est plus qu'il n'en faut pour que je n'aie d'autre volonté que la vôtre ! Disposez de moi, de mon **sort à** venir ; confiez-moi celui de mademoiselle de Méran ; je ferai tout ce qui dépendra de moi pour me montrer digne de tant de bontés ! Mais Dieu veuille, Madame, que l'influence de ma mauvaise destinée ne s'oppose **pas à tout ce que** vous voulez faire pour moi.

SCÈNE II.

ALVARÈS, LA COMTESSE, ALFRED.

ALFRED, *s'arrêtant dès qu'il aperçoit Alvarès.*
Ah !...

LA COMTESSE.
Venez, Alfred ; M. d'Orcano a quitté l'Espagne pour n'y plus retourner : c'est à nous de lui rendre le séjour de la France agréable ; je vous le recommande, et je vous laisse ensemble. Je suis forcée d'aller au château de Solin, je reviendrai seulement pour l'heure du diner.

Air : Du siège de Corinthe.

(*A part.*) Il faut que j'aille, à l'instant même,
De Jules presser le départ ;
Odélie est bien jeune, elle aime,
J'ai tout à craindre d'un retard.

ALVARÈS, *à part.*

A mon noble et brave adversaire,
Je veux exprimer mes regrets.

ALFRED, *à part.*

Malgré moi, tout mon cœur se serre,
En revoyant cet Alvarès.

ENSEMBLE.

LA COMTESSE.

Puisque le hasard vous rassemble,
Demeurez ici, vous pourrez,
En m'attendant, causer ensemble,
Et bientôt vous vous aimerez.

ALFRED, ALVARÈS.

Puisque le hasard nous rassemble,
Demeurons ici, nous pourrons,
En attendant, causer ensemble,
Et bientôt nous nous aimerons.

SCÈNE III.

ALVARÈS, ALFRED.

ALVARÈS.
Ah !... Il y a aussi du courage à demander pardon d'un tort. (*Il lui tend la main.*)

ALFRED *la prend en riant.*
Surtout quand on a commencé par en demander raison.

ALVARÈS.
Oui, j'arrivais d'Espagne le cœur encore tout plein de mon ressentiment, décidé à sacrifier votre vie à ma vengeance.... Je vous vois épargner la mienne... Oh ! je l'ai vu !.. Puis, j'apprends que vous avez lié votre sort à celui de ma jeune parente.... Aussi, maintenant, inquiet seulement de votre blessure...

ALFRED.
Ce n'est rien, je pense, et cependant je souffre ; deux nuits de fatigue ont échauffé mon sang ; la crainte d'éveiller des inquiétudes ici m'a fait cacher ce mal et l'a augmenté.

ALVARÈS.
Des soins sont nécessaires.

ALFRED.
Oui, dans peu d'instants j'y veillerai !...
Mais, d'abord, rassurez-moi pour vous.

ALVARÈS.
Des secours donnés à propos... et je ne sens plus rien que mes regrets !... Je voulais tuer celui qui fut mon rival préféré... un étourdi... un...

ALFRED, *riant.*
Un extravagant !... Dites-le mot.

ALVARÈS.
Et, sans le savoir, je m'exposais...

ALFRED, *riant.*
A immoler un respectable père de famille !...
Voilà ce que c'est que deux années de distance !

ALVARÈS.
Vous êtes heureux ?... Valéria ?...

ALFRED.
Est charmante... et je l'aime.

ALVARÈS.
Tant mieux !

ALFRED, *riant.*
Ah ! ça, je ne sais plus si nous sommes amis ou ennemis ?

ALVARÈS, *lui prenant la main.*
Amis, et de bon cœur !... Pour la première fois depuis bien longtemps, je sens une émotion de gaîté arriver jusqu'à mon ame, et soulever le poids douloureux qui m'accablait !..... La haine...

ALFRED.
Que j'avais méritée en détruisant votre bonheur.

ALVARÈS.
Cette haine, née d'une passion profonde et d'un malheur affreux, n'avait rien qui pût la justifier dans votre noble caractère ; elle a dû céder.

ALFRED.
Comme mon ressentiment, Alvarès, devant votre générosité et votre malheur !... (*D'un ton sérieux*). Et maintenant, pour la dernière fois, un mot sur le passé, qui doit être enseveli dans le silence, et, s'il se peut, dans l'oubli. J'ignorais vos engagements avec Hermance, lorsqu'il y a deux ans j'arrivai en Espagne ; j'y venais avec toutes ces premières et vives émotions de la jeunesse ; rien ne les avait altérées en moi. Ma mère m'avait fait élever durement dans les idées les plus sévères : j'accourais, conduit par un sentiment chevaleresque, offrir mes services au descendant de Philippe V. Ce beau ciel, l'ardeur de la gloire, l'exaltation de mon esprit, et les circonstances qui accompagnèrent ma première entrevue avec Hermance, tout se réunit pour rendre profonde et ineffaçable l'impression qu'elle produisit sur moi.

ALVARÈS.
Et cette impression fut partagée.

ALFRED.
Hermance m'apprit qu'elle était à la veille de contracter un mariage arrangé par sa famille. Pour l'y soustraire, je l'enlevai !... Votre bras m'arrêta quand nous allions franchir l'Èbre ; plus heureux, ou plus habile que le

mien, il me jeta mourant à vos pieds... Vous
étiez dans votre droit... je n'ai jamais dit le
contraire.

ALVARÈS.

Hermance vous crut mort, et ne voulut pas
vous survivre.

ALFRED.

Il fallut les soins d'une mère, Alvarès, pour
me sauver de ma blessure et de mon désespoir :
maintenant tout est effacé par le temps... et
par la mort !... Car, je l'avoue avec cette fran-
chise qui, plus d'une fois, a excusé ou aggravé
mes torts, si Hermance vivait encore, je trem-
blerais peut-être en prononçant son nom, et je
ne sais si sa vue...

ALVARÈS.

Que dites-vous ?

ALFRED, *se reprenant, et tristement.*

Non, je me trompe !... C'est sa mort, et non
sa vie qui me trouble !... Une femme jeune,
belle, riche, qui pouvait avoir tout le bonheur
qu'on désire au monde... mourir ainsi !... Ah !
n'en parlons plus, Alvarès !... Je ne sais ce
que j'éprouve à ces souvenirs... Que de fois
déjà ils ont jeté dans mon ame une impression
cruelle !... Valéria elle-même, dans son ignorance du passé, dans sa naïve tendresse et ses
regrets pour sa sœur, faisait renaître ces impressions... Le nom d'Hermance prononcé
près de moi... un objet qui lui avait appar-
tenu.. (*Ses yeux tombent et demeurent fixés
sur le voile noir qu'Hermance a laissé sur la
chaise à la fin du 1ᵉʳ acte.)*

ALVARÈS.

Mais que regardez-vous donc là ?

ALFRED.

Tenez, c'est une de ces impressions involontaires, et peu raisonnables !... Pardon, Alvarès !... votre caractère grave et calme ne com-
prend pas peut-être ces petits mystères du
cœur, et je devrais rougir devant vous de ma
faiblesse !... Mais quand je viens de vous dire
avec sincérité que Valéria possède toute ma
tendresse ; quand j'ai porté toutes mes pensées
sur de graves intérêts ; quand je veux livrer ma
vie aux importants débats de la tribune, je ne
comprends pas moi-même qu'un objet insigni-
fiant puisse ainsi me troubler !... Voyez comme
je suis insensé !... Ce voile... Hermance en
portait toujours un semblable... c'est une pa-
rure habituelle aux femmes dans le pays où je
la vis..... Eh bien ! rien que cette vue m'a
ému !

ALVARÈS, *soupirant.*

Est-ce donc à moi de vous donner du courage
et de la raison ?... Quelqu'un !...

(*On aperçoit André qui a l'air de vouloir se
glisser furtivement.)*

ALFRED.

C'est André.

SCÈNE IV.

ALVARÈS, ALFRED, ANDRÉ.

ANDRÉ, *à part, reculant au fond.*
Ils m'ont vu.

ALVARÈS.

On veut vous parler, sans doute ?... Je me
retire.

(*Il sort par la porte du fond à gauche du balcon ;
Alfred l'accompagne, puis revient en scène.)*

SCÈNE V.

ALFRED, ANDRÉ.

ALFRED, *après avoir reconduit Alvarès.*
Je souffre !... Il faut que j'aille soigner ma
blessure.
(*Au moment où il revient, il voit André qui
s'est avancé doucement, a pris le voile, et recule effaré en voyant qu'Alfred le regarde.)*

ANDRÉ, *laissant tomber le voile.*
Ce n'est rien !

ALFRED.

Pourquoi cet air effaré ? Que voulez-vous ?
Qu'est-ce que vous cherchiez ?

ANDRÉ.

Je ne cherchais rien.

ALFRED.

Ce voile, par terre ?... Comment ? Qui vous
envoie ?

ANDRÉ.

Je n'ai pas dit ça.

ALFRED, *le regardant plus attentivement.*
Ah ! ça, André, je commence à me lasser de
cet air stupide et effrayé pour rien, qui ne fait
qu'augmenter chaque jour.

ANDRÉ.

Ce n'est pas ma faute !... Si Monsieur...

ALFRED.

Est-ce que je vous maltraite, pour trembler
ainsi quand je vous parle ?

ANDRÉ.

Monsieur est si bon, au contraire !

ALFRED.

Et quand je vous demande doucement une
chose, moi, votre maître...

ANDRÉ.

Je sais bien que je devrais répondre ; mais,
voyez-vous, ma tête n'est plus à moi !... Ce
qui arrive... Puis on m'a défendu de dire à qui
est ce voile.

ALFRED, *étonné.*
Comment ?... C'est à Valéria... ou à sa
sœur Odélie, sans doute ?... Prenez-le, et
portez-le leur !... Mais, non, je crois entendre
leurs voix... elles le trouveront ici ; et vous,
vous viendrez me rejoindre dans ma chambre.

ANDRÉ.

Moi ?

ALFRED.

Oui, si vous me promettez d'être discret, de ne rien dire.

ANDRÉ.

Oh! je suis muet... de naissance, pour servir M. le Comte.

ALFRED, *à part.*

Il m'aidera à me panser... C'est aussi dévoué que c'est bête.

ANDRÉ, *à part, fièrement.*

On me rend justice, enfin!... J'ai la confiance de toute la famille.

ALFRED.

Vous allez me suivre. *(Il sort par la porte latérale à gauche du public.)*

VALÉRIA, *avançant la tête par la porte latérale, vis-à-vis.*

Personne?...

ANDRÉ.

Madame la Comtesse et M. Alvarès sont sortis; M. le Comte vient de se retirer dans son appartement.

VALÉRIA.

Bien!... (*Elle disparaît, puis entre avec Hermance et Odélie*).

ANDRÉ.

Je vais rejoindre M. le Comte.

~~~~~~~~~~~~~~~~~~~~~~~~~~~~~~~~~~~~~

SCÈNE VI.

VALÉRIA, HERMANCE, ODÉLIE, *elle tient un bouquet.*

ENSEMBLE.

AIR : Inésille, qu'elle est gentille. (*Domino noir.*)

Oui, c'est bien elle
Qui se rappelle
A notre/votre zèle.
A notre/votre amour.
Tout la rappelle
A notre amour.

ODÉLIE, *seule.*

Chère Hermance,
Quelle espérance,
Quel bonheur nous rend ton retour!
Plus de souffrance!
Ta présence
Embellit tout dans ce séjour.

ENSEMBLE.

Oui, c'est bien elle, etc.

VALÉRIA, *à Hermance.*

Comment t'exprimer la joie de notre sœur Odélie, à l'heureuse nouvelle, moi qui ne peux pas même te dire toute la mienne?

HERMANCE.

Mes bonnes sœurs!... Je me sens renaître!... Mais cachons encore mon arrivée à madame de Selcourt : il faudra que vous changiez ses dispositions à mon égard, avant que je la revoie.

VALÉRIA.

Nous ne pouvons manquer de réussir; et, en attendant, tu peux rester dans ta chambre d'autrefois, qui communique avec la mienne.

HERMANCE.

J'y ai retrouvé tout ce qu'elle renfermait jadis : quels souvenirs!

VALÉRIA.

C'est moi qui l'ai voulu ainsi! Souvent j'y restais des heures entières, trompant ma douleur, en croyant te revoir à la place où tu te plaisais!... Odélie et moi, nous entrions seules dans cette chambre; nous en avions soin; nous l'ornions de fleurs, et nous en avions interdit l'entrée à tout le monde. Comme le ciel nous récompense!... Nous t'y voyons, et c'est un asyle sûr et charmant où nous pourrons veiller sur toi.

HERMANCE.

Il me semble que c'est un doux rêve!... J'ai peur de m'éveiller.

VALÉRIA.

Que de choses nous aurons à nous dire! Mais, moi, je réserve mes confidences pour les dernières!... C'est une surprise que je ménage à Hermance.

HERMANCE.

Dis-moi seulement si tu es contente?

VALÉRIA.

A dater d'aujourd'hui!... Ton retour avait été précédé, pour moi, d'un autre bonheur dont j'avais besoin.

HERMANCE.

Ah!...

VALÉRIA.

Oui, j'avais eu à supporter de tristes et douloureuses impressions, et mon ame en avait été brisée!... Je n'ai pas de force contre le chagrin... Il me tuerait!

HERMANCE.

Ah!... tu es toujours la douce et bonne Valéria.

VALÉRIA.

Maintenant, la vie ne m'offre plus qu'une suite de jours paisibles!... Notre amitié la rendra délicieuse.

ODÉLIE.

Nous ne nous quitterons jamais.

VALÉRIA.

Cela va sans dire.

HERMANCE.

J'en ai bien aussi le désir et l'espérance.

ODÉLIE.

Quand nous aurons chacune un mari, nous serons nos maîtresses! L'hiver, nous irons dans le monde ensemble, vêtues de même... Oui, de jolies toilettes, toutes pareilles!... On dira : Voilà les trois sœurs qui s'aiment tant!... Puis, l'été, ici, à la campagne, nous pourrons courir toute la journée dans le parc; nous monterons à cheval; nous suivrons même nos maris à la chasse... Oh! d'abord, moi, je ne quitterai jamais le mien!... Je l'aime tant, ce bon Jules!

HERMANCE, *souriant.*

Ah! il se nomme Jules, celui que tu veux épouser?

2
~~~~~~~~~~~~~~~~~~~~~~~~~~~~~~~~~~~~~

VALÉRIA, *riant.*

Tu crois, Odélie, qu'on se marie pour être sa maîtresse, et qu'on suit son mari partout, de manière à ce qu'il ne soit pas son maître?... Si c'est comme cela que tu as compris le mariage, je renonce à m'occuper du tien!... Tu serais trop attrapée.

HERMANCE.

Regarde-la !... Avec sa gaîté et sa jolie figure, Odélie pourrait bien faire, comme elle le dit, tout ce qui lui plaira!... Puis, si elle aime réellement, aura-t-elle une volonté? Est-ce qu'on ne sacrifie pas tout à celui qu'on aime?

ODÉLIE.

Tous n'aiment pas ainsi.

VALÉRIA.

Heureusement!.. Mais que de bonheur devra récompenser un pareil dévouement! Et que celui qu'on aime comme cela doit en être heureux! Quelle joie! quels transports quand il va te revoir!

HERMANCE, *avec exaltation.*

Ah ! je l'espère !.. Et mon cœur... comme il bat à cette pensée ! Ma main tremble, ma tête est brûlante !..

VALÉRIA, *l'entraînant vers la causeuse.*

Viens donc, ma sœur !.. viens!.. (*Elle s'assied sur la causeuse, Hermance s'y place à côté d'elle, Odélie s'assied sur un tabouret, aux pieds d'Hermance.*)

HERMANCE.

Oui, que notre pure amitié calme la violence de mes émotions! Ma douce et tendre Valéria... ma joyeuse Odélie... là, près de moi !.. Après tant d'agitations et de chagrins, je respire!... Ce bonheur est le présage d'un autre bonheur encore !.. (*Elle s'appuie nonchalamment sur ses sœurs.*) Que je suis bien ainsi !

ODÉLIE

La douceur de Valéria et ma gaieté effaceront toutes les traces d'un passé malheureux : moi, je me chargerai de veiller sur ta toilette... Déjà je veux rajuster tes cheveux, et partager entre vous deux mon bouquet, pour que nous ayons toutes les trois un air de fête.

VALÉRIA.

Moi, je veillerai sur tous les détails de chaque jour : je disposerai madame de Selcourt à t'aimer comme une fille. (*Mouvement d'Hermance.*) Puis, un autre encore t'aimera comme une sœur.

HERMANCE, *souriant.*

Qui cela?.. Tu souris?.. Ah! je vois que ma bonne Valéria, comme ma vive Odélie, a donné son cœur.

Air : On ne saurait vraiment. (*Nouvelle Psyché.*)

Heureuses dans nos choix,
Il faut toutes les trois,
Différentes d'humeur,
Nous ressembler par le bonheur.

VALÉRIA.

Moi, de l'époux que mon ame ravie
Veut entourer et de soins, et d'amour,
Je préviendrai tous les vœux, et ma vie
S'écoulera calme comme un beau jour.

ODÉLIE.

Les jeux et les plaisirs
Rempliront nos loisirs ;
Je veux que ma gaieté
Toujours l'enchaîne à mon côté !

HERMANCE.

Près de celui que mon amour appelle
Je sentirai mon cœur se ranimer :
Pour le chérir, son Hermance fidèle
Veut vivre encor... Car, vivre, c'est aimer !

ENSEMBLE.

VALÉRIA, HERMANCE, ODÉLIE.

Heureuses dans nos choix,
Il faut, toutes les trois , etc.

SCÈNE VII.

ODÉLIE, VALÉRIA, HERMANCE, MADAME BADOUILLET.

MADAME BADOUILLET.

C'est moi, ne vous dérangez pas !.. (*Vif mouvement des trois femmes; Hermance fait quelques pas pour fuir; mais elle reconnaît madame Badouillet et s'approche d'elle; celle-ci lui prend la main.*) Je vous dis de n'avoir pas peur; je sais me taire, si je sais écouter... Car je vous écoutais !... Vous parliez d'amour ?... toutes grandes dames que vous êtes ... Et j'ai compris que vous vouliez des maris jeunes, beaux et charmants comme vous?..Eh bien! ma foi, vous avez raison !... Ah ! ce n'est pas moi qui vous blâmerai... avec mon pauvre Badouillet !.... (*Elle pousse un gros soupir*)

ODÉLIE, *riant.*

Qu'est-ce que vous dites là ?

MADAME BADOUILLET, *s'apercevant de ce qu'elle a dit, et à part.*

Je crois que j'ai dit Badouillet ! (*Haut et gravement.*) Je voulais dire, mesdames, que Monsieur de Saint-Cernin, mon mari, est un homme bien respectable... et même un peu trop respectable.

ODÉLIE.

Ah !..

MADAME BADOUILLET.

Écoutez donc, cinquante ans !.. C'est beaucoup pour un homme seul !... (*A Odélie et à Hermance.*) Au lieu de cela, j'en souhaite à chacune de vous deux un de vingt-cinq.

ODÉLIE, *riant.*

Ça reviendra au même.

MADAME BADOUILLET.

Pas tout-à-fait.

ODÉLIE, *à demi-voix, à Valéria.*

Elle est drôle, cette dame.

VALÉRIA.

Elle est bonne.

HERMANCE.

Oui, excellente!.. (*Se reprenant.*) Elle en a l'air du moins. (*Les trois sœurs parlent, entre elles à mi-voix.*)

MADAME BADOUILLET, *qui les a entendues.*

(A part.) Tiens, je réussis comme avec la mère... la comtesse!.. J'ai parlé avec elle de vieille noblesse ; à celles-ci je parle de jeunes maris... et ça va!... Pourtant je n'ai encore étudié que M. Paul de Kock!.. Ah! quand j'aurai appris M. de Balzac... Oh, oh!..

ODÉLIE, *s'approchant d'elle.*

Est-ce que votre mari va nous faire l'honneur de venir ?

MADAME BADOUILLET.

L'honneur est pour nous, ma jolie demoiselle, et je vous demande pour lui un peu d'indulgence... Mon mari ne sait pas l'usage du grand monde, il ne parle pas très-facilement... quoique certainement il soit... nous soyons des gens comme il faut, très-riches, très-bien.. *(A part.)* Ouf, je crois que je m'embarbouille. *(Haut.)* Même que mon mari pourrait entrer dans la politique : il a tout ce qu'il faut pour cela ; il paie des impôts... Il est in...él...inintelligible.

VALÉRIA, *riant.*

Éligible, vous voulez dire ?

MADAME BADOUILLET, *riant.*

C'est ça!.. Si je ne sais pas trop ces mots-là, c'est égal!.. Les femmes ne sont pas obligées de savoir la politique. *(A part.)* C'est vrai que les fleuristes ne s'y connaissent pas du tout ! *(Haut.)* Donc, mon mari étant... ce que je disais... j'avais pensé à en faire un Député : il n'aurait pas dit grand'chose, et ça lui aurait fait des amis de ceux qui aiment à parler. *(Elle s'aperçoit que les trois sœurs se sont remises à causer bas.)* Pardon!.. Je vous ai interrompues, et je vois que je vous empêche de causer ensemble ; aussi je vais vous laisser, et m'amuser dans le parc jusqu'au dîner.

VALÉRIA, *revenant à elle.*

Nous ne vous quitterons pas.

MADAME BADOUILLET.

Où il y a de la gêne, il n'y a plus de plaisir. J'ai voulu vous parler d'abord ; je voulais vous dire que mon mari a bien son mérite, et qu'il n'est pas aussi simple qu'il en a l'air.

ODÉLIE.

Ah!..

MADAME BADOUILLET.

Non, non ! S'il ne connaît pas le monde, il connaît joliment les affaires, et l'on pourrait lui confier celles du Gouvernement : il a tant de bonheur!.. *(A part.)* Ça ne fait pas mal de jeter ça en passant. *(Haut.)* Mais je vous quitte, mesdames... Point de cérémonies!.. Restez ensemble ; des sœurs, ça peut avoir des secrets... Moi, je vais au-devant de mon mari. *(Elle va au fond, et l'aperçoit.)* Tiens, le voilà!.. *(Elle revient un peu.)* Rien que cette bonne figure vous met en gaieté!.. *(A part.)* Le fait est qu'il a une drôle de frimousse!.. *(Elle rit, puis reprend un ton grave en s'adressant à Badouillet, qui entre.)* M. de Saint-Cernin, j'ai prévenu ces dames de votre arrivée.

SCÈNE VIII.

LES MÊMES, BADOUILLET, JULES.

(Au nom de Saint-Cernin, Badouillet a regardé autour de lui.)

BADOUILLET, *à part.*

Ah!.. oui... Saint-Cernin, c'est moi!..

JULES, *entrant.*

J'accours un moment en l'absence de madame de Selcourt... Odélie!.. *(Odélie va à lui, et ils restent dans le fond auprès du balcon, à causer ensemble, sans s'occuper de ce qui se dit sur le devant.)*

BADOUILLET, *saluant Valéria et Hermance.*

Mesdames... *(Étonné en voyant Hermance.)* Ah! madame est ici?..

VALÉRIA, *surprise.*

Vous la connaissez ?

BADOUILLET.

Si je connais cette dame, que Bernerette a soignée ?

VALÉRIA, *étonnée.*

Bernerette?..

MADAME BADOUILLET, *faisant des signes à son mari.*

Ah!.. ah!..

BADOUILLET, *à Valéria.*

C'est un petit nom d'amitié que je donne à ma femme!.. Cette chère... *(Il va pour l'embrasser, elle le repousse.)* Oui, cette bonne petite femme qui a soigné madame... qui la cachait à l'Espagnol...

HERMANCE, *à part.*

Que dit-il là?..

BADOUILLET.

A l'Espagnol, qui s'est battu pour madame, avec Monsieur...

VALÉRIA, *étonnée.*

Pour elle?..

MADAME BADOUILLET, *fatiguée de lui faire des signes inutiles, elle lui met la main sur la bouche.*

Chut donc!.. Il ne sait ce qu'il dit!..

BADOUILLET, *bas.*

Mais c'est toi qui me l'as conté.

MADAME BADOUILLET, *bas.*

Silence!.. *(Haut.)* Pardon, mesdames!.. *(A mi-voix à Hermance.)* Un homme, c'est bête!... Ça ne sait pas qu'il faut faire des mystères : ça dit tout !

VALÉRIA, *allant à lui.*

Vous savez avec qui Alvarès s'est battu ?

BADOUILLET, *qui voit les signes que lui fait sa femme.*

Moi? Pas du tout!.. Je ne sais rien!.. Personne ne s'est battu : tout le monde se porte bien... ainsi que ma femme et moi... et toute la compagnie. *(Il salue.)*

HERMANCE, *à mi-voix, à Valéria.*

Laisse-moi me retirer : je crains que madame de Selcourt...

ODÉLIE, *au fond.*

J'entends sa voiture.

LES TROIS SŒURS ENSEMBLE.

Air : Ah ! pour nous quel plaisir. (Graine de Lin.)

ODÉLIE, VALÉRIA.
Rentre, ma sœur; il faut
Éviter la comtesse,
Reçois notre promesse,
Oui, nous irons te voir bientôt.

HERMANCE.
Je me retire, il faut
Éviter la comtesse;
Mais, j'ai votre promesse ;
Oui, vous viendrez me voir bientôt

(*Hermance sort par la porte latérale à droite
du public*)

BADOUILLET, *sur le devant, à sa femme.*
Dis donc, Bernerette, tu m'as mis un col de
satin qui m'étrangle.

MADAME BADOUILLET.
Laisse-donc, c'est le bon genre !

BADOUILLET, *remuant les jambes.*
Et les sous-pieds?.. C'est ça qui est gênant !

MADAME BADOUILLET.
Veux-tu bien te taire ?

BADOUILLET, *à lui-même.*
Oh ! si je tenais le scélérat qui a inventé les
sous-pieds !

SCÈNE IX.

JULES, ODÉLIE, VALÉRIA, LA COMTESSE, MADAME BADOUILLET, BADOUILLET, *puis* ALVARÈS.

MADAME DE SELCOURT, *parlant au dehors.*
Qu'on avertisse mon fils!.. qu'il vienne ainsi
que M. Alvarès. (*Elle entre.*) Ah ! vous ici,
M. Jules ?.. Cette lettre de votre mère vous en-
joint d'aller la retrouver à l'instant. (*Elle lui
remet la lettre.*)

JULES, *timidement.*
Je vais partir.

LA COMTESSE.
Et moi, qui, dans les préoccupations qu'on
me donne ici, n'avais pas vu madame de Saint-
Cernin.

MADAME BADOUILLET.
Qui a l'honneur, Madame, de vous présenter
son mari. (*Badouillet salue.*)

BADOUILLET, *à part.*
Diable de col !... on ne peut pas se baisser.

MADAME BADOUILLET.
Charmée de faire connaissance avec un gentilhomme de vieille souche dont la famille m'est
connue.

BADOUILLET, *surpris.*
Ma famille?.. Vous connaissez ma famille?..
(*Signe affirmatif de la comtesse. Badouillet
dit à part*) Mon père le chaudronnier a peut-
être travaillé pour elle.

MADAME BADOUILLET, *à part.*
Il va me faire quelque bêtise, c'est sûr !....
(*Elle s'approche de la comtesse et la prend à
part.*)

ALVARÈS, *entrant et examinant Jules et Odélie
qui continuent à causer ensemble à l'écart.*
(*A part.*) Voilà sans doute Odélie.

MADAME BADOUILLET, *à mi-voix sur le devant à
la comtesse.*
Je dois avertir madame la Comtesse que...
(*Elle a l'air de chercher.*) que M. de Saint-Cernin a perdu.... la mémoire et la facilité à
s'exprimer, par une blessure....

LA COMTESSE.
Ah !...

MADAME BADOUILLET, *à mi-voix.*
Oui... une blessure à la tête.... dans une
guerre...

LA COMTESSE, *de même.*
Je sais qu'un Saint-Cernin fut blessé dans la
Vendée, en 1831.

MADAME BADOUILLET, *de même.*
C'est cela !

BADOUILLET, *à part.*
Qu'est-ce que Bernerette peut conter à cette
dame ?... Elles me regardent !... (*Il veut re-
muer la tête.*) Diable de col !...

LA COMTESSE, *à madame Badouillet.*
C'est dommage!.. (*Elle porte les yeux sur Jules et Odélie, et fait un mouvement.*) M. Jules
n'est pas encore parti ?

JULES.
Je m'en allais !... Je faisais mes adieux à...
mes cousines. (*Il sort.*)

ALVARÈS, *à demi-voix à la comtesse.*
Ah !... le petit cousin !...

LA COMTESSE, *à Alvarès.*
Il s'embarquera dans huit jours. (*Elle s'approche de Badouillet.*) Vous possédez, Monsieur, des propriétés dans les environs ?

BADOUILLET, *se rengorgeant.*
Mais oui, Madame !... J'ai, comme on dit,
du bien au soleil !... Je suis, après monsieur
votre fils, le plus riche propriétaire du canton :
aussi ai-je été nommé maire.

MADAME BADOUILLET.
Ce qui lui donne bien du crédit !... On lui
fait la cour.

LA COMTESSE.
Je vous approuve, M. de Saint-Cernin, d'a-
voir accepté cette charge, et de chercher à être
utile !... Il faut, de notre temps, mettre de
côté bien des préjugés de rang et de noblesse,
n'est-il pas vrai ?

MADAME BADOUILLET, *bas à son mari qui a l'air
étonné.*
Dis comme elle.

BADOUILLET.
Oh! certainement !... Et j'ai mis de côté...
De l'argent, d'abord... et puis... (*Interro-
geant sa femme du regard.*) Quoi donc ?

MADAME BADOUILLET, *vivement.*
Des préjugés ? Il n'en a pas ! Il ne faut pas
qu'un homme en ait !... Une femme, c'est différent!... Moi, je tiens à la noblesse... j'aime
la noblesse, les titres !.... Comtesses, mar-
quises... il n'y a que cela !... Le reste ne vaut
pas... Allons donc !...

LA COMTESSE, *très-affectueuse.*

Oh ! nous nous entendons parfaitement, madame de Saint-Cernin !.. mais asseyons-nous donc !... (*On s'assied : la Comtesse se place entre M. et madame Badouillet ; Odélie va dessiner à la table ; Valéria se met sur la causeuse, près de la cheminée où est appuyé Alvarès.*)

VALÉRIA, *à part, en s'asseyant.*

Il faut que je sache avec qui il s'est battu.

BADOUILLET, *à part en s'asseyant.*

Maudits sous-pieds !... le pantalon va craquer, c'est sûr !....

LA COMTESSE, *assise entre le mari et la femme.*

Mon fils ne tardera pas à venir ; mais, en attendant, parlons un peu de la Vendée.

BADOUILLET, *étonné.*

De la Vendée ?... (*A part.*) Pourquoi donc ?

MADAME BADOUILLET, *à part.*

Et moi qui ne suis pas à côté de lui !...

LA COMTESSE.

Certes, comme je le disais, nous devons faire des concessions aux idées nouvelles.

BADOUILLET, *toujours étonné.*

Aux idées nouvelles ?....

LA COMTESSE.

Mais en gardant nos sympathies et notre admiration pour les fidèles défenseurs des vertus anciennes ; pour ceux qui, comme vous, les ont scellées de leur sang dans les champs de la Bretagne.

BADOUILLET.

Mon sang ?... Scellé ?... Les champs de la Bretagne ?.. (*Il regarde sa femme qui lui fait un signe, et il dit à part.*) Je dis comme elle.

MADAME BADOUILLET, *à part, retenant un éclat de rire.*

Pauvre Badouillet !

LA COMTESSE.

Vous avez marché sur les traces des Lescure et des Charette.

BADOUILLET.

Quelle charette ?... (*Sa femme lui fait signe de dire oui.*) Oui, oui !.. Certainement !... J'ai marché là dessus.

LA COMTESSE.

Comme eux vous avez combattu : vous fûtes blessé comme eux.

BADOUILLET.

Blessé ?... (*A part.*) C'est quelque conte de Bernerette.

LA COMTESSE.

Racontez-moi en quelle occasion, comment, dans quelle affaire ?...

BADOUILLET.

Dans quelle affaire ?... Ah ! ah !... (*A part.*) Et Bernerette qui ne me prévient pas !

MADAME BADOUILLET, *à demi-voix.*

Sa blessure a un peu troublé ses souvenirs.

LA COMTESSE.

C'est donc cela ?

MADAME BADOUILLET.

Mais que de fois il m'a dit : (*d'un ton déclamatoire, et comme récitant une chose apprise.*) La Vendée !.. cette terre fidèle, où la noblesse donna les dernières preuves de ce courage intrépide qui avait fait sa force et sa gloire !... Voilà !...

LA COMTESSE.

C'est bien, M. de Saint-Cernin.

BADOUILLET.

Certainement que c'est bien !... (*A part.*) Où diable Bernerette a-t-elle pris ça ?

MADAME BADOUILLET.

La Vendée, la Révolution, les Émigrés... Je connais ça, moi !...(*A part.*) M. Paul de Kock... dans *l'Homme aux trois culottes !*... Quel livre instructif !.....

LA COMTESSE.

Je vois avec joie, que mon fils aura en vous des voisins tout-à-fait dans mes principes et dans mes idées !... Les jeunes gens sont si disposés à croire qu'il n'y a de bien que ce qui est nouveau !... Alfred ne veut-il pas être Député ! Eh bien ! je vous le recommande : vous pourrez gagner sa confiance, en servant ses projets, en l'aidant de votre crédit, et il aura au moins un digne protecteur... et de notre bord !

BADOUILLET.

De notre bord !... Oui !

LA COMTESSE.

Cela vaudra mieux que l'appui qu'il a trouvé ce matin.

BADOUILLET

Ah ! il a un autre appui ?

LA COMTESSE.

Il m'a confié qu'il a rencontré aujourd'hui une espèce d'imbécille... qui dispose de quelques voix, et qui les lui a offertes.

BADOUILLET, *cherchant.*

Qui peut être cet imbécille ?

LA COMTESSE.

De pareilles protections compromettent !.... Un homme du peuple.... un marchand retiré, que le petit commerce consulte pour voter.

BADOUILLET, *se grattant le front.*

Un marchand retiré.... imbécille ?... Ça m'étonne !

MADAME BADOUILLET, *vivement.*

Est-ce que nous connaissons cela ?

LA COMTESSE.

Ni moi, non plus !... Je ne l'ai jamais vu... Mais c'est un enrichi... Un homme qui a passé sa vie à gagner de l'argent... Quelle horreur !

BADOUILLET.

Mais.... ça vaut mieux que de le voler.

LA COMTESSE, *riant.*

Enfin... c'est tout ce qu'il y a de pire !... Un stupide épicier !

BADOUILLET, *se levant.*

Un épicier ?...

MADAME BADOUILLET, *à part.*

Dire cela à ce pauvre cher homme, qui a passé sa belle jeunesse entre le poivre et la cannelle.

LA COMTESSE, *se levant aussi.*
Remettez-vous , M. de Saint-Cernin !... Si je vous ai parlé de cela , c'est que mon fils n'a pas craint, m'a-t-il dit, d'inviter cet homme à dîner chez lui aujourd'hui, et cela fait que je ne vous retiens pas.

MADAME BADOUILLET, *passant près de son mari, à part.*
Ça s'embrouille !

BADOUILLET, *bas et en colère.*
Allons nous en, Bernerette !... Nous ne sommes pas invités.

SCENE X.

LES MÊMES, ALFRED, *sortant de son appartement à gauche du public.*

ALFRED,
Ah ! Déjà arrivés ? Tant mieux ! (*Alfred est très-pâle.*) Pardon, ma mère, si je vous ai fait attendre.

VALÉRIA, *avec inquiétude et à mi-voix.*
Comme il est pâle !... Plus pâle que vous, Alvarès, qui avez été blessé !

ALVARÈS, *à mi-voix.*
Lui, qui est si heureux !...

LA COMTESSE, *à Alfred.*
Monsieur et Madame de Saint-Cernin qui sont venus.....

ALFRED.
J'y comptais bien !....

LA COMTESSE.
Ah ! vous vous connaissez ?

ALFRED , *à part.*
J'avais pourtant prévenu ma mère !...... (*Haut.*) Nous dînons ensemble.... (*Aux Badouillet.*) n'est-il pas vrai ?

LA COMTESSE, *surprise.*
Ah!....

MADAME BADOUILLET, *bas à son mari.*
Tu vois bien que nous sommes invités.

BADOUILLET, *bas.*
Je ne comprends plus.

VALÉRIA, *à son mari.*
Vous avez l'air souffrant, Alfred ?

ALFRED.
Non, Valéria, non !... (*A Badouillet en passant près de lui, et essayant de prendre un air gai.*) Ça va bien aussi depuis ce matin?... (*Il lui tend la main.*)

LA COMTESSE.
Vous avez vu monsieur ce matin, et il ne me le disait pas.

ALFRED.
Nous avons parlé d'affaires.

MADAME BADOUILLET.
Laissons-les continuer. (*Elle cherche à écarter et à distraire la comtesse.*)

LA COMTESSE.
Puisque nous sommes réunis , je propose une promenade dans le parc, avant le dîner.

ALFRED.
Je demande à rester , moi; un peu de fati-

ègue... J'ai visité avec Monsieur les principaux électeurs.

LA COMTESSE.
Ah !

ALFRED, *à Badouillet.*
Vous avez de l'influence, Monsieur.... beaucoup d'influence !...

BADOUILLET , *à part.*
Ah ça ! mais, est-ce que je serais l'imbécille ?...

ALFRED, *s'adressant à madame Badouillet.*
Tout le commerce des environs ne vote que d'après votre mari.

BADOUILLET, *à part.*
Je crois que je suis...

ALFRED.
Aussi , je remets mes affaires entre ses mains, et je ne devrai ma nomination qu'à lui seul.

BADOUILLET , *à part.*
Décidément, c'est moi qui suis l'imbécille.

MADAME BADOUILLET, *bas.*
Tais-toi donc ; nous dînons au château.

BADOUILLET, *bas.*
Allons nous en !

MADAME BADOUILLET, *bas.*
Je veux que tu restes.

AIR : Ici nous accourons. (*Homéopathie.*)

LA COMTESSE.
Je veux, avant dîner ,
Vous faire admirer ma demeure :
On peut se promener ,
Car il nous reste au moins une heure.
A Badouillet.
Allons, Monsieur, votre bras !

MADAME BADOUILLET, *à son mari qui hésite.*
Pourquoi donc cet embarras ?
L' bras d'un' comtess' ! Quel honneur !
Pour toi comme c'est flatteur !

BADOUILLET, *bas.*
Je pense comme toi ,
Et pourtant, ça me contrarie ;
Elle a , devant moi,
Dit du mal de l'épicerie.
(*Madame Badouillet pousse son mari.*)

ENSEMBLE.

BADOUILLET , MADAME BADOUILLET.
Il faut, qu'avant dîner ,
Nous admirions votre demeure :
On peut se promener,
Car il nous reste au moins une heure.

LA COMTESSE.
Je veux qu'avant diner, etc.

VALÉRIA , ODÉLIE.
Il faut qu'avant dîner
Vous admiriez notre demeure, etc.

(*Alvarès prend le bras de Valéria , la comtesse celui de Badouillet, Odélie celui de madame Badouillet.*)

SCÈNE XI.

ALFRED, *seul.*

(Pendant toute la scène précédente il a paru souffrant et contraint; on l'a vu plusieurs fois porter la main à sa blessure; il a reconduit tout le monde jusqu'au fond, et quand la porte a été refermée, il revient précipitamment vers la porte de l'appartement où est Hermance; il la secoue en essayant d'ouvrir.)

Fermée!... en dedans!... Ah! Valéria ou sa sœur aura tourné la clef en sortant!.... (*Il revient sur le devant.*) Hermance?... Oh! c'est impossible!... Comment ai-je pu un moment penser?... Comment ai-je pu écouter ce stupide valet? Ah! c'est que je ne sais... aujourd'hui ma tête est brûlante... je souffre!... la fièvre.... (*Il s'étend sur le petit canapé où les trois sœurs se sont assises.*) Cherchons un peu de repos!... (*Il appuie sa tête dans sa main.*) Si je pouvais dormir!... (*Pendant tout ce monologue, trémolo à l'orchestre.*)

SCÈNE XII.

ALFRED, *assoupi,* HERMANCE, *ouvrant doucement la porte de la chambre.*

Air : Le trouble et la frayeur. (*Romance du Domino Noir.*)

HERMANCE.

Est-ce toi, chère sœur, qui frappes, qui m'appelles?
Non, je suis seule ici!.. que vois-je? ah! plus d'effroi!
Le ciel veut mettre un terme à mes douleurs cruelles!

ALFRED, *endormi.*
(*Parlé.*) Hermance!...

HERMANCE, *continuant l'air.*
Alfred!... Il dort!.. Et rêve de moi!
Oui, c'est Alfred qui rêve de moi!

DEUXIÈME COUPLET.

Alfred, plus de chagrins! Dieu te rend ton Hermance!
Celui que j'adorais est encor tout pour moi!

ENSEMBLE.

ALFRED, *rêvant.*
Qu'ai-je vu? quel prodige! Est-ce elle en ma présence?
HERMANCE.
Ce n'est point un prodige! elle est en ta présence!
Alfred! Alfred! ah! c'est bien toi!
ALFRED, *rêvant.*
Hermance! Hermance! Est-ce bien toi?

ALFRED, *s'éveillant et poussant un cri.*
Hermance!...

HERMANCE.
Alfred!...

ALFRED, *stupéfait et cherchant à rassembler ses idées.*
Mon Dieu!... est-ce bien elle?

HERMANCE.
Oui, moi!... revenue pour être à vous, Alfred!... Ah! laissez-moi vous expliquer d'abord ce qui vous semble un prodige!... Le ciel sauva ma vie, parce qu'il avait sauvé la vôtre!.... Mon Dieu! il y a donc des bonheurs aussi grands que le désespoir?... J'arrive, je vous vois....

et le nom qui s'échappe de vos lèvres est le mien!... Ainsi, j'étais donc restée dans votre cœur, comme vous dans le mien? Involontairement, et dans le sommeil, c'est moi qui vous occupais!... Ah! toutes les paroles, tous les serments ne m'auraient pas autant convaincue, autant touchée!.... Alfred vit!... et il m'aime toujours!

(Pendant toute cette tirade, Alfred qui, d'abord, avait été sous l'empire de la première impression, reprend peu à peu ses idées.)

ALFRED, *troublé.*
Ah!.. comment oublier celle qui voulut mourir pour moi?

HERMANCE.
Oh! que la vie sera belle après de telles épreuves!... Avec la confiance qu'elles font naître!... avec la joie qui enivre mon ame!

ALFRED, *avec trouble.*
Ah!.. Hermance!...

HERMANCE.
Mais vous semblez pâle et tremblant, Alfred?

ALFRED.
Une souffrance cruelle, en effet...

HERMANCE.
Mais peu dangereuse, j'espère!... Mes soins... mon amour... Est-ce que le mal résiste au bonheur, mon Alfred?

ALFRED, *avec désespoir.*
Vous avez bien tardé à venir, Hermance!..

HERMANCE.
Jamais je ne serais sortie du couvent où je vous pleurais, si je n'avais su dernièrement que vous étiez rendu à la vie!.. Alors je suis venue vous consacrer la mienne!... Maintenant, nous irons ensemble à votre mère.

ALFRED, *très-troublé.*
Gardez-vous de la voir.

HERMANCE.
Elle se laissera toucher par tant de malheurs et de constance!... Déjà j'ai vu mes sœurs,

ALFRED.
Vos sœurs?

HERMANCE.
Elles parleront aussi pour moi à votre mère.. Valéria me l'a promis.

ALFRED, *effaré.*
Valéria?... vous avez parlé à Valéria?

HERMANCE, *le regardant avec surprise.*
Mais qu'y a-t-il donc?... Que se passe-t-il en vous?..

ALFRED.
Je ne puis le dire.

HERMANCE.
Mais cette douleur... ce n'est pas seulement un mal physique!.. L'inquiétude... l'effroi...

ALFRED.
Ne m'interrogez pas, Hermance.

HERMANCE, *effrayée.*
Que je n'interroge pas? Que puis-je donc apprendre?... Mais vos paroles, votre joie, vos larmes, à l'instant, n'ont—elles pas tout dit?.. Vous m'aimez!... Y a-t-il autre chose pour

moi dans le monde?... Parlez donc! parlez sans
crainte!... Vous seul, Alfred, donnez, pour
moi, du prix à la vie!.. Le reste n'est rien!...
ne peut me toucher en rien.

ALFRED, *avec douleur.*
O mon Dieu!.. c'est impossible !

HERMANCE.
Impossible?.. Quoi donc?

ALFRED.
Hermance, vous savez si votre bonheur m'est
cher?.. S'il fallait ma vie, je la donnerais avec
joie!.. Vous avez surpris ma pensée?.. c'est le
ciel qui l'a voulu... pour consoler votre cœur!..
Oui, vous avez surpris mon secret... Ce n'est
pas moi... ce ne peut être moi, entendez-vous,
qui vous ai dit : Je vous aime!.. Et maintenant
partez... éloignez-vous... éloignez-vous pour
toujours !

HERMANCE, *avec un cri de désespoir.*
Vous me chassez?.. vous !..

ALFRED.
Chasser Hermance?.. mais ce n'est pas possible !.. Je n'ai pas dit cela !.. ah!.. mes paroles sont troublées comme mon cœur... comme
ma tête !.. Est-ce que je puis chasser Hermance?.. Mais est-ce qu'elle peut rester ici ?

HERMANCE, *avec égarement.*
Au nom du ciel, parlez!.. Quelque soit mon
sort, que je le sache !.. Vous détournez les
yeux?.. Mais regardez-moi donc au contraire !..
Regardez-moi tremblante, effrayée... deman-
dant la vérité !.. la vérité tout entière !.. oui,
mon arrêt !... Chaque minute d'inquiétude est
un siècle de tourment !.. Alfred, ayez pitié de
moi !

ALFRED, *avec désespoir.*
C'est affreux !.. Et mon silence...

HERMANCE.
Il me tue !

ALFRED, *près de se trouver mal.*
Il le faut !.. Il faut que je parle !..

HERMANCE.
Tout, plutôt que cet effrayant silence !

ALFRED, *d'une voix affaiblie.*
Oui... Valéria...

HERMANCE, *étonnée.*
Ma sœur?..

ALFRED, *d'une voix faible.*
Votre sœur... Valéria... elle est ma femme!

HERMANCE, *poussant un cri.*
Ah!.. (*Elle court violemment de l'autre côté
de la scène.*

ALFRED, *tombant sur le canapé.*
Grâce !.. grâce!.. je me meurs !.. (*Il s'éva-
nouit.*)

HERMANCE, *avec un désespoir concentré.*
Elle est sa femme!..Valéria !.. Et je suis ici !..
chez elle !.. chez sa mère qui me hait ! chez sa
femme qui me haïra !.. chez lui... l'époux d'une
autre... et qui me chasse !.. Mais fuyons donc !..
Pourquoi suis-je encore là?.. immobile... ne pou-
vant fuir?... Mais comment me cacher à tous
les regards ?... Chassez-moi donc, Alfred !...
chassez — moi !.. (*Elle le regarde.*) Ah !.. lui
aussi est immobile et glacé !.. (*Elle court à lui.*)
Sans connaissance !... Alfred !... Et il faut le
fuir !.. Oh! mon Dieu!.. mon Dieu !..
(*Elle va à la table, sonne violemment, puis ouvre la petite porte du premier plan, à droite
du public, et disparaît.*)

SCÈNE XIII.

ANDRÉ, *entrant vivement.*

Ciel! Monsieur se trouve mal!.. Du secours!..
du secours!.. Mesdames, venez!..

SCÈNE XIV.

ALFRED, *évanoui,* VALÉRIA, LA COM-
TESSE, ODÉLIE, ANDRÉ, BADOUILLET,
MADAME BADOUILLET.

VALÉRIA, *accourant la première.*
Quel bruit?...Alfred?...Ah!..du secours!..
Alfred !.. (*On s'empresse autour de lui.*)

ALFRED, *revenant à lui.*
Où suis-je?.. (*Étonné, il fait un mouvement
en voyant Valéria; il regarde autour de lui,
cherche s'il verra Hermance, et voit tous les autres qui l'entourent.*) Où est-elle?..

VALÉRIA.
Me voici, mon ami!.. votre mère, votre sœur,
votre femme !..

ALFRED.
Ah !.. une vision...un rêve !..

LA COMTESSE?
La fièvre vous accable.

VALÉRIA, *prenant son bras gauche.*
La fièvre?.. (*Elle pousse un cri, en voyant
sa blessure.*) Ah !..une blessure!..à cette main?..
Vous vous êtes battu !... Ah !.. c'est avec Alvarès !.. (*A mi-voix.*) Pour elle !.. pour Hermance !.. (*Elle s'éloigne un peu et dit à elle-même
avec une douleur amère.*) Oui... celle qu'il a aimée... qu'il aime encore... c'est Hermance !...
ma sœur !.. et elle est là !...
(*On prodigue des secours à Alfred, Valéria
reste les yeux fixés sur la porte de l'appartement où elle croit qu'Hermance est encore;
la toile tombe Toute cette dernière scène a
été accompagnée par un tremolo à l'orchestre.*)

FIN DU SECOND ACTE.

ACTE III.

Même decoration qu'aux deux premiers actes. Il fait nuit ; la fenêtre du fond est ouverte ; on voit le parc éclairé par un beau clair de lune. Au lever du rideau, musique douce à l'orchestre ; sur les dernières mesures une pendule sonne minuit.

SCÈNE I.

HERMANCE, *seule, debout ; la petite porte du 1ᵉʳ plan est entr'ouverte.*

Valéria !... Elle est sa femme !... Près de lui !... à présent !... toujours !... Mon Dieu !... mon Dieu !... Et moi, j'ai pu le fuir, étendu là, pâle, inanimé !..

AIR : de l'Orpheline (Loïsa Puget).

Sa douleur éteint ma colère :
Il souffre ! Ah ! s'il allait mourir ?
Et celle qui lui fut si chère,
Ne peut même le secourir !
Pour elle, quel sort se prépare ?..
Ses pieds ne peuvent s'arracher
De ces lieux, où tout la sépare
De celui qu'elle y vint chercher !..
Dieu, qu'elle appelle,
Sois son appui !
Pitié pour elle,
Pitié pour lui !
Pitié pour elle ! (*bis.*)
Pitié, mon Dieu ! pitié pour lui !

Ah ! quand je voulus mourir parce qu'il était perdu pour moi, il n'était pas à une autre, du moins !... Et c'est ma sœur !... Oh ! fuyons !... (*Elle s'approche de la petite porte*). Qu'entends-je ?... du bruit, là ?... (*Elle recule et va vers le balcon.*) Quelqu'un... (*Elle écoute et indique la chambre d'Alfred*). Là aussi, du bruit ?... (*Elle entre doucement sur le balcon.*)

SCÈNE II.

HERMANCE, *sur le balcon,* **ANDRÉ**, *entrant par la petite porte, une lanterne à la main, puis* **LA COMTESSE DE SELCOURT**, *sortant de chez son fils.*

ANDRÉ.

Là !... voilà !... (*Il pousse un cri en voyant la comtesse de Selcourt qui sort de l'appartement de son fils*). Ah !...

LA COMTESSE.

Eh bien ?...

ANDRÉ, *se remettant.*

Ah ! c'est vous, madame la Comtesse ?

LA COMTESSE.

Et qui donc pourrait-ce être ? Tout dort au château, je l'espère, à pareille heure ; et tout est fermé de manière à ce que personne ne puisse y pénétrer.

ANDRÉ.

Oh ! certainement ! Je viens encore, ainsi que vous l'avez ordonné, de fermer la porte du petit escalier en bas ; voici la clef.

LA COMTESSE, *prenant le clef.*

Ainsi, toutes les portes du château qui donnent dans la cour et dans le parc ?...

ANDRÉ.

Sont barricadées.

LA COMTESSE.

C'est bon !

ANDRÉ.

Et si le médecin venait pour M. le Comte..... il n'entrerait donc pas ? Madame de Saint-Cernin avait dit en partant qu'elle allait envoyer celui du village.

LA COMTESSE.

Nous l'avons attendu toute la soirée : sans doute il était absent, ou elle a oublié de l'avertir. Maintenant, on peut s'en passer ; Alfred dort paisiblement, et son valet de chambre veille à son côté. (*Elle indique la petite porte*). Fermez encore cette porte, et donnez-moi la clef : alors tout sera fini.

ANDRÉ, *il va fermer la porte, et vient en remettre la clef à la Comtesse.*

Il y a bien une autre sortie sur le parc, qui a été nouvellement ouverte.

LA COMTESSE.

Et où cela ?

ANDRÉ.

Oh ! il n'y a rien à craindre, c'est dans l'appartement de madame votre belle-fille, là !... (*Il indique la porte latérale à droite du public.*)

LA COMTESSE.

Ah !...

ANDRÉ.

Comme Madame est un peu peureuse aussi, elle nous l'a fait fermer de son côté, ce matin : il n'y a que de sa chambre qu'on puisse l'ouvrir ; ainsi, pas de danger ! (*Il va allumer les bougies sur la cheminée.*)

LA COMTESSE, *sur le devant, réfléchissant.*

Valéria... Elle était bien pâle et bien troublée pendant toute la soirée !... Elle regardait Alfred avec crainte, avec effroi !... Lui, il détournait les yeux !... Il ne lui a pas adressé la parole une seule fois... Elle s'est retirée avec empressement dans sa chambre, dès que je lui en ai témoigné le désir... Elle n'a point demandé à veiller Alfred... Lui, il ne l'a point retenue... Je suis restée seule avec mon fils, espérant qu'il parlerait... et pas un mot!... Et ces sorties mystérieuses dont André parlait ce matin?... *(A André, qui, pendant cette tirade, a été allumer sur la cheminée).* Je ne me coucherai pas cette nuit, et je reviendrai savoir comment se trouvera mon fils : s'il survenait quelque chose, venez à l'instant m'avertir. *(Elle sort par le fond.)*

SCÈNE III.

HERMANCE, *sur le balcon*, **ANDRÉ**, *puis* **VALÉRIA**, *ensuite* **ALVARÈS**.

ANDRÉ, *frappant doucement à la porte de la chambre de Valéria, à droite du public.*
(A lui-même). Il n'y a pas un moment à perdre, puisque la mère doit revenir.

VALÉRIA, *sortant de chez elle, avec agitation.*
Eh bien ! André, avez-vous prévenu mon cousin Alvarès?

ANDRÉ, *montrant la porte du fond à droite du balcon.*
Il est là ! madame de Selcourt est sortie, mais elle reviendra plus tard. (*Il va à la porte désignée, l'ouvre; Alvarès paraît.*)

VALÉRIA, *agitée.*
C'est bon !... j'aurai le temps de parler à Alvarès... Veillez là-bas !...
(André disparaît par l'autre porte du fond.)

ALVARÈS.
Me voici à vos ordres.

HERMANCE, *paraissant sur le balcon, regardant et écoutant.*
(A part). Alvarès !... Valéria !...

VALÉRIA, *à Alvarès, avec agitation.*
Vous pensez bien qu'un intérêt puissant a pu seul déterminer cette entrevue, Monsieur.

ALVARÈS, *doucement.*
Dites mon cousin...

VALÉRIA.
Oui, mon cousin, mon parent!... Ce titre me donne du courage, et, en ce moment, j'en ai besoin!... Voulez-vous me promettre, Alvarès, me jurer de me rendre le service que je vais exiger de vous ?

ALVARÈS.
J'en donne ma parole de gentilhomme!... fallût-il exposer mes jours.

VALÉRIA.
Je vous demande d'abord la vérité... Oui, de me dire la vérité tout entière, et sans détour.

ALVARÈS.
Aviez-vous besoin de mon serment pour cela?

VALÉRIA.
J'ai craint votre bonté, vos ménagements pour ma faiblesse; mais il est des cas pourtant où il faut tout savoir, et ne pas hésiter à toucher à des choses délicates... Vous avez aimé ma sœur Hermance?

ALVARÈS.
Plus que ma vie.

VALÉRIA.
Un autre aussi... l'aima... avec une passion... qui fut partagée ?

ALVARÈS.
Ah! Valéria, pourquoi ce souvenir?

VALÉRIA.
Vous vous êtes battu pour elle... avec lui!... avec Alfred!... et deux fois! Réconciliés tous deux, vous avez obtenu la confiance de mon mari, il vous a parlé... et c'est là que je rappelle votre serment de dire la vérité!... Alfred était ici avec vous, ce matin même!... Il vous parlait d'Hermance, n'est-il pas vrai?... Que vous a-t-il dit? Je veux le savoir!... Il faut absolument que je sache tout !

ALVARÈS.
Je tiendrai mon imprudente promesse... Le comte de Selcourt m'a dit, en effet...

VALÉRIA, *avec anxiété.*
N'hésitez pas!... je suis préparée à tout.

ALVARÈS.
Pourquoi hésiterais-je, quand celle qu'il aima n'existe plus?

VALÉRIA, *à part, avec joie.*
Ah!... il ne l'a pas vue!... Tout n'est pas perdu !

ALVARÈS.
Une mort malheureuse...

VALÉRIA.
Pour lui!... Je sais tout le passé!... Mais il n'a rien dit de plus aujourd'hui ?

ALVARÈS.
Il a parlé des regrets donnés à sa mort... de l'amour qu'il eut pour elle... de l'émotion que son nom lui cause encore.

VALÉRIA.
Que serait-ce à sa vue !

ALVARÈS, *très-troublé.*
Sa vue?... Ah! s'il revoyait Hermance; si, par un miracle impossible...

VALÉRIA, *avec effroi.*
A juger de son émotion par la vôtre, Hermance reprendrait tous ses droits... Et moi, repoussée, haïe peut-être...
(Hermance, qui écoute, s'avance doucement et peu à peu.)

ALVARÈS.
Oh! non, non !... Alfred vous aime, Valéria.

VALÉRIA, *avec passion.*
Ah! Alfred ne m'aime pas!... Il ne m'aime pas, du moins, comme il a aimé Hermance!... Comme il l'aimerait, s'il la revoyait... Elle, si passionnée!... si belle! si dévouée!... Elle qui a voulu mourir de sa mort... et qui ne vit que de sa vie !

ALVARÈS, *poussant un cri.*
Elle vit !

VALÉRIA, *avec passion.*
Elle qui sort du tombeau pour le réclamer!... qui vient faire valoir ses droits, et l'arracher... au monde!... Elle qui l'adore, sans savoir encore qu'elle en est adorée!... (*A ce moment, Hermance est arrivée tout près d'elle; Valéria se retourne et jette un cri.)* Ah!...

ALVARÈS, *reculant à son aspect.*
Ciel !...

HERMANCE, *calme et solennelle.*
Elle qui sait tout, et qui va partir pour toujours !

VALÉRIA, *à ses pieds.*
Pardonne, Hermance !... pardonne !...

HERMANCE, *reculant.*
La femme d'Alfred !...

VALÉRIA, *saisissant sa main et la pressant dans*
les siennes.
Sa vie... dépend de toi.

HERMANCE.
Je pars !

VALÉRIA, *avec exaltation.*
Ah ! je sais trop que c'est lui donner la tienne.

HERMANCE, *avec attendrissement.*
Mais c'est ma sœur !.... (*Elle la relève,*
l'embrasse, et reprend avec une espèce de calme
fébrile.) Pourtant, pas un moment !... pas une
minute !.... J'ai du courage.... mais qui sait si
j'en aurais plus tard ?.. Si j'allais le revoir ?...
S'il me revoyait, lui ?.... Ma sœur... (*Elle lui*
prend les mains et tremble en se contraignant.)
On n'est pas toujours sûr de maîtriser son
cœur... de commander à ses larmes, à son émotion, à son désespoir !..... Il faut que je parte à
l'instant !..

VALÉRIA, *hésitant.*
Tout est fermé.

HERMANCE.
Ta chambre offre une issue.

VALÉRIA.
Oui... mais des dangers... la nuit...

HERMANCE, *allant vivement à Alvarès.*
Alvarès, vous devez me haïr ?.. Je l'ai méri-
té !.. En ce moment, je n'ai nul appui, nul dé-
fenseur ! nul ami !... On peut me perdre, et se
venger de moi sans danger...... Eh bien ! je me
confie à vous !.. à vous seul !.. Venez, accompa-
gnez-moi... protégez-moi !.. Le voulez-vous ?

ALVARÈS.
Partons ! Et merci pour ce seul bonheur que
j'aurai dans ma vie.

SCÈNE IV.

LES MÊMES, ANDRÉ, *accourant.*

ANDRÉ.
Madame la comtesse de Selcourt sort de son
appartement pour venir ici.

VALÉRIA *à Alvarès.*
Partez donc... et à l'instant ! Un vêtement à
moi recouvrira le sien ; à l'extrémité du parc,
le jardinier ouvrira en croyant que c'est moi,
et on gagne si vite le village après cela...

HERMANCE, *allant à André, vivement et à mi-*
voix.
André, au nom de ta mère, qui fut presque
la mienne, le secret, je t'en conjure ! .... Tu ne
m'as pas vue... Je ne suis pas venue ici.... (*Il*
la regarde étonné.) Et, si tu as parlé, si l'on
croit m'avoir vue, dis qu'on se trompe..... que

&c'est une erreur... car je ne vis plus..... Je suis
morte pour tous !...

ANDRÉ, *extrêmement effaré.*
Vous dites ?..

HERMANCE.
Qu'il faut m'obéir !... Le promets-tu ?

ANDRÉ, *tremblant.*
Je promets... Je ferai... tout ce que vous voudrez.

HERMANCE.
Maintenant... Allons !

ALVARÈS *à Valéria.*
Mes soins et mon obéissance à toutes les volontés de votre sœur.

ENSEMBLE.

Air : De si moins un.

ALVARÈS, HERMANCE.
Partons, partons, et faisons silence !
   Quittons ces lieux,
  Éloignons-nous tous deux !
Voici l'instant ! Courage et prudence !
   On peut venir.
   Hélas, il faut fuir !

VALÉRIA.
Partons, partons, et faisons silence !
   Quittez ces lieux.
  Éloignez-vous tous deux ?
Voici l'instant : Courage et prudence !
   On peut venir,
   Hélas, il faut fuir !

(*Ils entrent dans la chambre de Valéria*).

SCÈNE V.

ANDRÉ *seul, s'asseyant.*

Mes jambes tremblent sous moi.... J'en ferai
une maladie...

SCÈNE VI.

ALFRED, *sortant de sa chambre,* ANDRÉ,
puis LA COMTESSE.

ALFRED.
Je souffre... Je ne puis dormir !.. (*Il aperçoit*
André, et s'anime.) Ah ! André..... où est-elle ?
que fait-elle ?..

ANDRÉ.
Qui cela ?

ALFRED, *avec impatience.*
Hermance !

ANDRÉ, *reculant.*
Que dites-vous, M. le Comte ?

ALFRED.
Hermance... qui est ici.... que j'ai vue.... et
toi aussi !

ANDRÉ, *effaré.*
Moi ?.. Je ne l'ai pas vue !.. Elle n'est pas ve-
nue !.. C'est une erreur !... Elle ne vit plus....
Elle est morte !

ALFRED.

Malheureux !.. mais tu es fou !... (*A lui-même.*) Ou bien moi-même?..... Ah! ce n'est pas
possible .. Je l'ai vue... Je lui ai parlé.... Tu le
sais bien !..

ANDRÉ, *effaré.*

Je ne sais rien.... rien du tout !... Je n'ai vu
personne !.. Je me suis trompé si j'ai dit cela...
ou M. le Comte se trompe !..

ALFRED, *passant la main sur son front.*

Ce nouveau trouble jeté dans mon esprit......
Ah ! était-ce donc un rêve de mon imagination
en délire?.. (*Il le rappelle.*) André... (*Il aperçoit la comtesse qui entre.*) Ah! ma mère !.....
(*André, qui s'était approché, recule et sort.*)

LA COMTESSE, *allant à Alfred.*

Bien étonnée de vous trouver ainsi debout,
et hors de votre chambre, quand je vous avais
laissé paisiblement endormi, quand vous avez
besoin de repos.

ALFRED.

Je n'en pouvais trouver : je cherche l'air, le
frais... ma tête est brûlante, ma poitrine aussi...
j'ai peine à respirer..... Ici, je serai mieux. (*Il
s'approche du balcon.*) La nuit est calme, fraî-
che, superbe !.. Voyez, ma mère !... Les rayons
de la lune tombent si clairs et si lumineux qu'on
distingue tous les objets..... Les arbres, les al-
lées du parc... tout est visible !.... (*Il respire.*)
Une belle nuit dans la campagne, comme cela
fait du bien !..

LA COMTESSE, *qui est avec lui près du balcon.*

Mais... ne vois-je pas quelqu'un?..

ALFRED, *avec insouciance.*

Quelqu'un de la maison cherchant une promenade solitaire.

LA COMTESSE.

Une seule issue... Une seule femme...

ALFRED, *vivement.*

Que soupçonnez-vous donc?.. Valéria? Vous
vous trompez, ma mère.

LA COMTESSE, *regardant au balcon.*

Je ne me trompe pas.

ALFRED, *regardant.*

Oui, c'est elle ! c'est bien elle !.. avec un jeune homme !.. Ils vont sortir du parc.

LA COMTESSE.

Ils ne sortiront pas.

ALFRED.

Valéria ?.. Est-ce possible, grand Dieu ?..

Fragment du final du deuxième acte de *l'Ange Gar-
dien.* (Musique de Doche).

LA COMTESSE.

Toute retraite est interdite ,
Et , grâce à mes soins, de la fuite
Ils ont déjà perdu l'espoir :
Dans un moment nous allons tout savoir.

SCÈNE VII.

LES MÊMES, ODÉLIE, ANDRÉ, *accourant.*

ODÉLIE.

Pourquoi ces cris dans le jardin?
(*A part.*) Grand Dieu ! si c'était mon cousin !

ANDRÉ.

Quel bruit! j'accours pour vous défendre.
Ecoutez !

LES AUTRES.

Ecoutons !

LA COMTESSE.

On approche.

ALFRED.

        A quoi dois-je m'attendre?
(*Ici le chant s'arrête, la musique continue en sour-
dine à l'orchestre.*)

ALFRED.

C'est trop tarder, ma mère !... Entrons!...
(*Valéria sort de la porte latérale à droite du
public.*)

VALÉRIA.

Alfred ici !... Tout est perdu !

ALFRED.

Qu'a-t-elle dit?.... Serait-il vrai?.... Son
trouble... son effroi...
(*Madame Badouillet a paru à la porte du
fond, s'est arrêtée et a écouté.*)

MADAME BADOUILLET, *à part.*

Comment ?.... on la soupçonne?... Pauvre
chère dame !...

LA COMTESSE.

Hélas, oui! tout est perdu pour leur bonheur
à tous deux.

MADAME BADOUILLET, *à part.*

Oh ! il faut que je la sauve !..
(*Le chant reprend.*)

ENSEMBLE GÉNÉRAL.

ALFRED.

C'est donc elle ? Pâle, interdite !
Juste Dieu ! que vais-je savoir ?
Pourquoi, la nuit, prendre la fuite ?
N'est-il donc plus aucun espoir ?

ODÉLIE.

C'est ma sœur ! Elle est interdite !
Et, bientôt, on va tout savoir :
Mais, la nuit, pourquoi cette fuite?
Comment calmer son désespoir ?

MADAME BADOUILLET, *a part.*

Pauvre femme! Elle est interdite ?
Mais l'époux ne doit rien savoir :
Il faut la sauver, et bien vite !
Entre femmes, c'est un devoir.

VALÉRIA.

Devant eux, je reste interdite ,
Mais ils ne doivent rien savoir :
Puisse Hermance prendre la fuite,
Puisse Alfred ne pas la revoir!

ANDRÉ.

C'est Madame ! Elle est interdite !
Et, bientôt, on va tout savoir :

La pauvre Hermance, de la fuite,
Hélas ! n'a pu garder l'espoir.

LA COMTESSE.

Vous voilà tremblante, interdite !
Parlez, nous voulons tout savoir :
Pourquoi, la nuit, prendre la fuite ?
Expliquez-vous ; c'est un devoir !

MADAME BADOUILLET, *s'avançant.*

Eh bien ! eh bien ! qu'est-ce qu'il y a?...
(*Mouvement de tout le monde.*)

LA COMTESSE, *étonnée et contrariée.*

Madame de Saint-Cernin !...

MADAME BADOUILLET.

Elle-même !... qui a eu bien de la peine à
se faire ouvrir par votre jardinier. Qu'est-ce
donc qui se passe? Toute la maison sur pied,
même les malades! Tout le monde soupçonné?..
même les innocents !... Et ça, parce qu'on m'a
vue courir dans le parc!
(*Mouvement de tout le monde.*)

LA COMTESSE ET ALFRED.

Vous?

MADAME BADOUILLET.

Oui ! moi !... Que serait-ce donc, si l'on m'a-
vait vue courir les grandes routes, comme je
viens de le faire pour vous? Oui, pour amener
un médecin !... Celui du pays était occupé pour
toute la nuit chez la femme du sous-préfet, qui
avait la migraine.

SCÉNE VIII.

LES MÊMES, BADOUILLET. (*Il arrive essoufflé;
ses sous-pieds sont cassés; son col est déran-
gé; il est poudreux; il s'arrête un instant
au fond.*)

ALFRED, *à madame Badouillet.*

Quoi !... c'était vous qui étiez tout-à-l'heure
dans le parc ?

MADAME BADOUILLET.

Eh, sûrement !...

VALÉRIA, *à part.*

Excellente femme !...

BADOUILLET, *à part, au fond.*

Ah!...

MADAME BADOUILLET.

Est-ce que, par hasard, vous auriez cru que
c'était votre femme?.... Est-ce que vous la
soupçonneriez, elle qui a un mari si gentil?

BADOUILLET, *à part, au fond.*

Oh !... (*Il s'avance.*)

MADAME BADOUILLET, *à part, et contrariée.*

Allons !.. voilà Badouillet, à présent!

BADOUILLET, *colère et jaloux.*

Et le jeune homme?

MADAME BADOUILLET, *à part.*

Tiens !... il y avait un jeune homme ?

BADOUILLET, *colère.*

Je vous dis... et le jeune homme?

MADAME BADOUILLET.

Eh bien ! puisque c'est le médecin que j'ai
été chercher.

BADOUILLET, *furieux.*

Un médecin?.. lui?.. Elle veut encore me
faire croire que c'est un médecin !... quand je
sais tout le contraire!... Un médecin?...

MADAME BADOUILLET.

Allons, qu'est-ce que c'est ?.. Qu'est-ce qu'il
y a?...

BADOUILLET.

Il y a... Il y a... que je n'en peux plus!....
que je suis exaspéré, à la fin!...

MADAME BADOUILLET.

Calme-toi ?

BADOUILLET, *furieux.*

Que je me calme!... que?... (*Se calmant
tout-à-coup.*) Eh bien! oui, je me calme!...
Perce qu'il faut qu'on sache tout!.... Quelle
journée!... J'ai vécu cinquante ans garçon sans
en avoir une pareille!... Aussi, pourquoi ai-je
pris une femme?... Ça n'était pas ma partie!...
Pourtant, je fais tout ce qu'elle veut... Elle
m'amène ici pour dîner... Quand je dis dîner...
n'en parlons pas!... L'indisposition de M. le
Comte a rendu le dîner... on peut dire... fantastique!... Bernerette me répétait toujours :
As-tu bien le cœur de manger, quand ce pauvre
jeune homme?.... Parce que c'est vrai qu'elle
a bon cœur, Bernerette!... Elle me fait ensuite
courir pour lui chez le médecin!... Courir!..
et, sauf respect, elle m'avait mis des sous-pieds
et un col... que je ne pouvais pas marcher!...
Le médecin n'y était pas. Je dis : demain on ira
en chercher un à Paris. Mais brrrr!.. Passe une
accélérée... Crac! elle saute dedans avant que
j'aie eu le temps d'y regarder!.. J'appelle... je
crie... on me répond : Complet !... Plus rien !..
lapins, singes, perroquets, tout était placé.....
excepté moi!... et me voilà seul sur la route,
immobile, regardant la voiture filer !... Ils al-
laient... des chevaux anglais, bien sûr!...

MADAME BADOUILLET, *à part.*

Pauvre cher homme !..

BADOUILLET.

Alors je prends ma résolution et mes jambes
à mon cou... Je vais, je vais... c'était effrayant!..
j'espérais les rattraper au relais... je ne les ai
manqués que de cinquante minutes...voilà tout !
Alors, je me décide à monter dans une voiture
qui revient par ici... Je me dis: je vais retrouver ma femme au château avec son médecin !..
Ah bien oui!.. point de médecin! point de femme!.. point de château! tout est fermé... et je
fais trois fois le tour du parc en dehors, pendant que madame était dedans avec...

MADAME BADOUILLET, *à mi-voix.*

Tais-toi donc !..

BADOUILLET.

Que je me taise ?.... Je voulais bien ne pas
dire que j'ai été épicier... et pourtant ça me
coûtait !..

MADAME BADOUILLET, *à part.*

Allons, voilà les gros mots !

LA COMTESSE.

Que dit-il ?..

BADOUILLET, *éclatant.*

Ah ! ma foi, le mot est lâché !.,. Épicier re-

tiré !.. oui.. épicier ! . et je m'en flatte ! et je
m'en fais gloire !.. C'est ma femme qui m'a forcé
à le cacher !.. mais pourquoi cela ?.. Est-ce que,
de notre temps, l'épicier n'est pas en honneur ?
Est-ce qu'il n'est pas tout ?.. Oui... mais je ne
veux pas qu'il soit... attrapé, l'épicier !.. et attrapé par de prétendus médecins !

ANDRÉ, *qu'était sorti à l'entrée de madame Ba-*
douillet et qui rentre.

Le médecin que madame vient d'amener étant
pressé de retourner à Paris, demande à voir
M. le comte le plus tôt possible.

(*Mouvement de tout le monde.*)

BADOUILLET, *confondu.*

Il y a un médecin ?

MADAME BADOUILLET.

Et un fameux encore! qui a guéri plus de malades que tu n'as de cheveux sur la tête, vilain
jaloux !..

BADOUILLET, *confus.*

Ah ! Bernerette !
(*Il veut embrasser sa femme, elle le repousse.*)

ALFRED, *à demi-voix à la comtesse.*

Ma mère...vous vous étiez trompée... et cette
pauvre Valéria...

LA COMTESSE, *bas.*

Soit !..Mais un épicier, mon fils !.. l'inviter !..

ALFRED, *bas et souriant.*

Que voulez-vous ? On fait la cour aux rois
quand ils sont tout-puissants; au peuple, quand
on a besoin de lui.

BADOUILLET, *à sa femme.*

Ainsi, ce n'était pas pour toi ce jeune homme
que j'ai parfaitement vu quand il rentrait au
château par là... (*Il désigne la chambre de Va-*
léria.) Car il doit être là !.. je l'ai vu entrer.

LA COMTESSE.

Hein ?

VALÉRIA.

Ciel !..

ALFRED.

Qu'entends-je ?..

LA COMTESSE.

Mais alors...

ALFRED, *courant se placer entre la porte de la*
chambre et tout le monde.

Arrêtez !.... Personne ne doit entrer ici que
moi !.. Et je demande à rester seul !..

MADAME BADOUILLET, *à son mari.*

Bavard !

BADOUILLET.

Je suis si heureux !..

ALFRED.

Maintenant, laissez-moi tous, je vous prie,
pendant quelques instants.

MADAME BADOUILLET.

Et le médecin ?

ALFRED.

Je le verrai tout-à-l'heure. Mais personne ne
sortira du château avant qu'on sache au juste
qui fuyait dans le parc.

VALÉRIA, *à part.*

Et Hermance qui est là !.. Mon Dieu! inspire-
moi !

ENSEMBLE.

Air de M. Doche dans l'Extase.

Oui . l'on doit se taire ,
Et le laisser ici.
   me
Pour que ce mystère ,
Enfin, soit éclairci.

Tout le monde sort, excepté Alfred, et Valéria qui
vient se placer entre la chambre et son mari.

SCÈNE IX.

ALFRED, VALÉRIA.

(*Alfred a reconduit tout le monde, puis revient*
en scène.

ALFRED, *à lui-même.*

Je vais donc tout savoir! (*Il voit Valéria,*
recule, et dit vivement.) Vous ici, Valéria ?...

VALÉRIA, *tremblante.*

Je suis restée... car c'est mon bonheur... ma
vie peut-être... qui vont se décider ici !

ALFRED, *à part.*

Son trouble et sa douleur m'imposent, malgré
moi.

VALÉRIA, *à part, très-émue.*

Que va-t-il faire ?

ALFRED.

Dieu !.... Comme vous êtes pâle et tremblante !.. Que craignez-vous donc ?

VALÉRIA.

J'ai toujours été si malheureuse !

ALFRED.

Vous ?..

VALÉRIA, *tremblante.*

Voyez-vous, Alfred, je n'ai jamais eu ce bonheur, cette tendresse, qui rendent confiant et
joyeux !.. J'avais perdu ma mère... et la vôtre,
sévère et froide, n'a jamais eu pour moi ni affection, ni caresses.

ALFRED.

Vous vous trompez.

VALÉRIA.

Vous-même, plus tard... ah! je ne vous fais
pas de reproches... mais vous me l'avez avoué...
et je le savais bien.... vous ne m'aimiez pas.....
vous en aimiez une autre.

ALFRED, *très-troublé.*

Quelle douleur présente vous fait ainsi revenir sur le passé?

VALÉRIA.

Pardonnez-moi !.... Ce ne sont pas des plain-
tes !... Vous aussi, habitué à céder aux volontés
de votre mère, vous m'avez épousée.... pour lui
obéir !... Je souffrais ... et vous étiez malheureux !....... C'est bien cruel, Alfred, de penser
qu'on fait le malheur de quelqu'un.

ALFRED.

Mais je ne sais pourquoi toutes vos paroles, en ce moment, me troublent et m'effraient.

VALÉRIA.

J'ai vécu sans entendre un mot d'affection.... et l'ame a besoin de tendresse.

ALFRED.

Auriez-vous donc à justifier quelques torts, que vous rappelez ainsi ceux qu'on eut envers vous?

VALÉRIA, *tremblante.*

Et... si cela était?..

ALFRED, *très-vivement.*

Mais cela n'est pas! Cela n'est pas possible!

VALÉRIA, *l'examinant.*

Pourquoi donc alors êtes-vous aussi pâle et aussi tremblant que moi?

ALFRED.

Comment?

VALÉRIA.

Pourquoi restez-vous ici pour savoir qui est là, dans cette chambre?

ALFRED.

Valéria!.. (*S'éloignant d'elle et venant sur le devant.*) Mais je ne sais ce qui se passe en mon ame!.. Ah! que le cœur éprouve parfois d'inconcevables souffrances!.. Cette femme est jeune, belle, et délaissée!... sans époux.... sans famille!.. (*Revenant à elle avec passion.*) Vous me direz la vérité, n'est-ce pas?.. la vérité tout entière?

VALÉRIA, *toujours effrayée.*

Sans doute!

ALFRED, *très-agité.*

Comment... et avec qui vous sortiez ainsi la nuit?

VALÉRIA.

Moi?

ALFRED, *très-agité.*

Vous êtes sage, douce, incapable de trahir des devoirs sacrés... Vous n'êtes pas... non vous ne pouvez pas être coupable!

VALÉRIA.

N'est-il pas des situations où l'on peut être plus malheureux encore que coupable? Le cœur ne peut-il pas s'être donné sans crime, dans un temps où il était libre?

ALFRED, *qui l'écoute avec anxiété.*

Que voulez-vous dire?

VALÉRIA, *l'examinant.*

Puis... séparé de ce qu'on aimait... on a cru fini, éteint à jamais cet amour... qu'un moment peut réveiller...

ALFRED, *avec emportement.*

Un autre vous aimerait... et il serait aimé?... Et vous auriez voulu fuir?... Ah! sa vie paierait à l'instant... (*Il va vers la chambre.*)

VALÉRIA, *lui saisissant la main et l'arrêtant.*

Vous le savez bien aussi, Alfred, il est des passions si vives et si violentes, que rien ne peut leur résister!

ALFRED, *étonné, la regardant.*

Comme vous dites cela!... vous souffrez?...

Le désespoir est sur votre visage!... On dirait que vous allez mourir?...

VALÉRIA, *épuisée par son exaltation, s'appuie sur le dossier du canapé.*

(*A elle-même*). O mon Dieu!... il va tout apprendre!

ALFRED, *s'arrêtant et la regardant.*

Valéria, je ne sais rien encore!... Je vois seulement qu'un secret pèse sur votre cœur; qu'un malheur l'afflige; qu'un remords peut-être le tourmente?...

VALÉRIA.

Ah!...

ALFRED.

Mais vous êtes, en effet, une faible et douce jeune femme qu'une destinée malheureuse a liée à mon sort... Ajouter à vos douleurs... ce serait cruel et insensé!... Oui, vous avez raison, Valéria, il y a parfois des sentiments involontaires... des regrets... des douleurs telles, qu'elles excusent le cœur!...

VALÉRIA, *à part.*

C'est ainsi qu'il souffre pour elle. (*Elle pleure.*)

ALFRED, *l'examinant et soupirant.*

Le cœur... qui aime malgré lui... (*Après un moment de silence, et très-tendre en revenant vers elle.*) Valéria... s'il y avait dans votre ame une de ces terribles passions... Eh bien! moi, je devrais... je voudrais vous pardonner... pleurer avec vous... et je vous tendrais les bras comme un frère!

VALÉRIA, *avec exaltation et courant se jeter dans ses bras.*

Ah!... Et moi... moi, je te dirais : Mon ami, mon Alfred! c'est toi que j'ai seul aimé!... Mon cœur n'a battu qu'à ton nom!... Jamais je n'eus qu'une pensée, qu'un bonheur, qu'un amour!... Et c'est toi!

ALFRED.

Valéria!...

VALÉRIA, *avec exaltation.*

Ah! du moins, je t'aurai dit une fois ce que j'ai trop renfermé!... Vois-tu, Alfred, moi, je ne savais rien, je ne connaissais rien des choses de ce monde!... On m'a unie à toi, je t'ai aimé, et je donnerais ma vie pour ton bonheur!...

ALFRED.

Ce trouble et ces larmes...

VALÉRIA, *avec exaltation et tendresse.*

Ah! c'est que je sais tout, à présent!... C'est qu'Hermance, celle que tu as aimée, que tu aimes... elle vit!... Elle est là!... Je voulais te la cacher.. l'éloigner!... mais la vérité... ton amour pour elle... sa vie qui dépend de toi... Et puis, c'est ma sœur!... ma sœur que j'aime!... Et je ne peux pas... je ne veux pas faire le malheur de tout ce que j'aime!...

Air : *De votre bonté généreuse.*

Alfred, je suis faible et timide;
Je ne peux pas savoir ce que tu veux;
De notre sort, que ton arrêt décide :
J'obéirai pour que tu sois heureux!
A tes désirs, pour jamais asservie,

Faut-il briser un funeste lien?
Ordonne, Alfred!.. Dispose de ma vie!..
Sans ton bonheur, que m'importe le mien?

ALFRED, *très-exalté.*

Je suis maître de ton sort et du mien?...
Ah! merci!... Valéria, celui qui accompagnait
Hermance dans sa fuite... c'est Alvarès?

VALÉRIA.

Oui!...

ALFRED, *allant vivement à la table et écrivant.*

Il est là?... Eh bien! ce papier à Alvarès!...
Tout de suite!... Et reviens... Valéria!... reviens!...

(*Elle prend le papier et entre dans la chambre
à droite du public.*)

SCÈNE X.

ALFRED, sonnant.

André!... (*Il paraît*). Ma voiture à l'instant...
au bas du perron!... Que l'on prévienne ma
mère... tout le monde!... (*André sort.*) Valéria,
tu m'as dicté un devoir... et je le remplirai!...
Oui, que ma mère, que tous soient présents!...
Il le faut!

SCÈNE XI.

LA COMTESSE, ALFRED, VALÉRIA, *sortant de la chambre à droite du public,*
BADOUILLET, MADAME BADOUILLET,
*entrant avec la Comtesse par la porte du fond
à gauche du balcon.*

MADAME BADOUILLET.

On nous rappelle.

BADOUILLET.

Pourquoi cela?

LA COMTESSE.

Que voulez-vous, Alfred?

ALFRED.

Veuillez attendre, ma mère. (*Valéria est entrée par la porte latérale à droite du public;
elle dit un mot bas à Alfred.*)

LA COMTESSE.

Que signifie?...

ALFRED, *très-haut.*

Une femme sortait du château, cette nuit,
avec Alvarès : cette femme, que ses respects et
son affection ne sauraient trop entourer, forcée maintenant au mystère, va s'éloigner avec
lui, et reviendra quelques jours heureuse aussi,
je l'espère; mais elle, ma mère? Valéria? sans
ce jour d'épreuve et de malheur, je ne l'aurais pas connue! Il n'y a point de mots pour
dire tout ce qu'elle mérite de respect et d'a-
mour!... Et j'ai pu te soupçonner!... J'ai

Spu croire?.... Oh! pardonne! pardonne!..
(*Il se met à genoux devant elle.*)

VALÉRIA.

Oh! mon Alfred.

MADAME BADOUILLET, *à son mari.*

A la bonne heure donc!

VALÉRIA, *à demi-voix.*

Relève-toi, Alfred!... qu'elle ne te voie pas
à genoux devant moi! (*Alvarès sort de la chambre avec Hermance; Alfred va sur le devant
de l'autre côté; sa mère est près de lui.*)

LA COMTESSE.

Vous tremblez, Alfred?....

ALFRED, *très-agité.*

Plus tard, ma mère, plus tard vous saurez
tout!
(*Alvarès et Hermance s'acheminent vers la
porte du fond, à gauche du balcon; Hermance est couverte de son voile noir; Valéria la suit des yeux; Hermance s'arrête sur
le seuil, et retourne la tête.*)

VALÉRIA.

Oh! pas sans un adieu!... (*Elle s'élance
vers sa sœur, toutes deux s'embrassent, puis
Hermance disparaît avec Alvarès.*)

LA COMTESSE.

Quel mystère!....

ALFRED, *faisant signe à sa mère que tout lui
sera expliqué.*

Maintenant, tout à Valéria!... Oh! ma
mère, comme nous devons la rendre heureuse!

VALÉRIA.

Et ma sœur Odélie aussi, n'est-ce pas, madame?

MADAME BADOUILLET, *soupirant.*

Nous n'avons plus qu'à quitter le château,
nous.

BADOUILLET.

Il est temps!

VALÉRIA, *très-gracieuse.*

Pour y revenir toutes les fois que vous le dé-
sirerez.

LA COMTESSE, *fâchée.*

Ah!

ALFRED, *souriant.*

Qui donc, ma mère, irait au milieu de la
nuit chercher un médecin pour votre fils?

MADAME BADOUILLET.

Reçus au château?.... malgré?...

ALFRED.

Et toujours avec plaisir!

BADOUILLET, *à part.*

Il faudra remettre des sous-pieds!

MADAME BADOUILLET.

Je vas lire tout M. de Balzac.
(*Elle saute de joie, Badouillet la prend et
l'embrasse.*)

BADOUILLET.

Celui-là, je le tiens!

FIN.

IMPRIMERIE DE A. HENRY, rue Gît-le-Cœur 8.